シリーズ
あしたへ伝えたいこと

子どもと保育そしてわたし

藤田ヒサエ 著
hisae fujita

子どもの文化研究所

はじめに

京都の西七条保育園は、地域に保育園を作る住民運動で誕生しました。最低基準を満たす施設に職員の休憩室とホールを増設するために資金集めのバザーが開かれ、完全給食を目指して親の経済的な負担で栄養士を迎え、伝統的な行事にちなむメニューや日々の給食には地産の農作物を用い、園児といっしょに調理して、園庭で豚汁を食べたり、お誕生会には、お子さまランチ風に趣向をこらしたり、食器も樹脂製のものからステンレス製をへて、ぬくもりのある白磁の陶器を採用するなど、栄養バランスを考えたメニューは無論のこと、食べることのよろこびや食育の大切さを伝える実践を積み重ねてきました。

園長の藤田ヒサエ先生は、環境整備と地域との連携にも積極的で、20年前には殺風景だった園庭には、バラ・桜・沈丁花の花が季節を彩り、ご近所から「接ぎ木をさせて」との声も。夏まつりには、園を開放して、園庭は盆踊りの会場に。園児の名前入りの提灯がともされ、かき氷・タコせん・おでん・イカ焼き・焼きトウモロコシ…と夜店も本格的。「おやじの会」の手作りクッキーとケーキも大人気で、『安心・安全』第一に、とかく敷居が高くなりがちな保育所を、親近感あふれる赤ちゃんから高齢者までが触れ合える開かれた場とすることに、心を配られました。

また、開設20周年を機に、「育児新聞」を（3000部）発行して、親の子育て支援にも力を入れたほか、2001年に隣接地に開所した特別養護老人ホームとの連携にも取り組み、地域に根差した園運営に当たられました。

この前書きを執筆中の2020年3月19日、藤田先生と親交のあった子どもの文化研究所事務局長の鈴木孝子さんから、藤田先生の訃報が届き、お元気なうちに本書をお届けすることが出来なかったことが返す返すも残念でなりません。先生の想いを継ぐことを誓って、ご冥福をお祈り申し上げます。

藤田先生の生い立ちから、西七条保育所での三十余年にわたる保育者としての信念「地球規模での子育てを！」のメッセージを伝えるとともに、大人の大きな連帯の「輪＝和」を築くための指針となる本書が、じわじわと進む社会の分断と孤立化の動きに抗う志を持つ仲間たちを勇気づけ、末永く読み伝えられることを願って、刊行の言葉といたします。

令和2年3月

一般財団法人文民教育協会　子どもの文化研究所　所長

片岡 輝

目次

第一章

保育者になる——生い立ちの記

藤田ヒサエは、京都西陣で生まれ育った生粋の京都人。しかし伝統ある西陣は、古い因習に囚われた「村」でもあった。藤田は、この西陣の空気に馴染めなかった。

思春期に「これからどう生きていくか」に悩み、中学卒業の頃に、新しい時代に対応する教育を目指して、「教師になる」と目標を定めた。そして自力で進学のための学費を賄うために、昼は西陣で働き、夜間高校に進み、さらに立命館大学史学部のⅡ部へ進んだ。

学び舎での出会いは藤田に新しい世界に目を向ける機会を与えた。幅広い年齢層の夜間高校の学友との交流。「二度と教え子を戦場に送らない」という強い思いを語った高校時代の恩師の言葉。大学時代はさらに幅広く、深く学び、楽しむことも体験しながら、「自分らしく生きるためには」広い視野を持って地域社会に目を向け、行動していくことを学んでいった。

戦中から戦後までの激動の時代を、意識を高く持ち続けた女性、藤田ヒサエの生い立ちと保育者という天職に辿り着くまでを記す。

第一章　保育者になる—生い立ちの記

西陣に生を受ける

４５０年にわたる歴史を持ち高級織物の生産地として有名な京都の西陣。私は、西陣で帯を織る織屋の八人兄弟の二女として、昭和９年12月に生を受けました。

織屋が立ち並ぶ西陣は、「西陣村」と呼ばれ、元締めが仕切っていて、古い因習が残る独特な雰囲気があり、どこの誰が何をしたのか、すべて筒抜けになるような地域でした。一般の織子はみな貧しく、つつましい生活を送っていましたが、男性は毎夜のように酒を酌み交わし、女性は昼夜働きづめでした。そんな中、幼い時からもっと自由に生活できるようになればいいなあと、ずっと思っていたのです。

私の戦争

昭和16年４月、私は国民学校に入りました。私の小学校時代は、戦争一色でした。

終戦の年の8月15日、私は小学5年生。丹後の伊根町（昔の朝妻村）の、あるお寺に集団疎開をしていました。「お昼に大事な話があるので、みんな本堂に集まるように」と、先生の伝言がありました。当時は国民学校3、4、5、6年生の女子100名位はいたでしょうか。

先生の話は「日本は戦争に負けました。もうすぐ京都の方に帰れるでしょう。だけど、町中には進駐軍がいっぱいいて、女の子を連れて行ったりするので、気をつけるように…」と、こんな内容だったと思います。6年生の人が泣き、つられて私達も泣きました。そしてあの時、戦争に負けたということ、その後どんなことが起こるのか、不安で怖かったことを覚えています。

9月いっぱいでお寺を引き上げ、自宅に戻りました。私の疎開地での生活は1945年3月31日から9月まで、6ヵ月間でした。

疎開先での集団生活の暮らしは、食糧事情も悪く、疎開児童が通学する学校も遠方で大変でした。でも私達の面倒をみてくれた優しい寮母さんが、村の話をしてくださったり、歌を歌ってくださったりして、疎開児童の私たちの心はずいぶん慰められました。けれども疎開児童の中で親から引き離された不安や空腹からのストレスもあるのでしょうが、上級生が何かと幅を利かせて下級生に辛く当たったりしました。また盗難事件やシラミ事件等いろいろありましたが、なんとかみんな元気で、無事京都に戻ることが出来ました。

疎開先から無事に元気に戻ってこれた私を見た母親は喜んでくれました。けれど母は直ぐにすまなそうな顔をして「面会に行ってあげられたらよかったけれど、弟や妹もあり、兄たちも兵隊に入っていたので、それができなかった」と、侘びてくれました。子ども心に私は納得しました。

戦争が終わって、私も6年生になりました。『あたらしい憲法のはなし』という教科書ができ、日本は二度と戦争しない国として世界にアピールしたことを教えられ、ホッとしました。

西陣を出たい―それを願う日々

第二次世界大戦が終わりを迎えました。戦後の復活は急速に始まりました。繊維産業では、(機織を)ガチャンと織れば万と儲かる「ガチャ万」時代到来といわれるほど、右肩あがりの好景気となりました。私の育った京都の西陣でも、帯地製造を再開する織屋が増え、また伝統的な織物を好むアメリカ人が多く居住していたせいか「作れば売れる」好景気でした。

織屋では働き手の織子が必要となり、織屋の子どもの同級生達は、当たり前のように、進学せず織子になりました。私の両親も当然の如く、私が織子になるだろうと思っていたはずです。でも私は、どうしても当り前を受け容れられませんでした。

終戦の年に国民学校初等科6年生だった私は、国民学校初等科を卒業すると、両親の思いとは違う方向へ進みました。生まれ育った「西陣村」に縛られることも、封建的で因習に囚われる生活も受け容れずに、新しい教育制度の下、新制中学校(現在の中学校)の第1期生となったのです。

高校から大学へ

新制中学を卒業する頃、私は「新しい時代に対応できる教育を目指して、教師になりたい。その為には、私は高校へ進学したい」と考えていました。しかし、「織屋になれば、食いっぱぐれはない。手に職を持つのが、女性の幸せ。高校進学なんてとんでもない」という、旧態依然の西陣の世界でした。そしてこれが西陣の常識でした。

両親も私が中学を出たら、家の手伝いをして、織物を習い、家業の織子になることが自然の流れであり、当然、私の高校進学には反対しました。度々両親とは口論にもなりました。近所の人達も親切心から、安定を願う両親の思いを代弁して、いちいちやかましく箸の上げ下ろしまで、口出しをしてきたりで、私は毎日、気の抜けない生活を送っていました。だから《両親の反対を押し切って、西陣村を飛び出して、高校へ進学すること》と《両親の望むことと、私の安定のために、近所の人達が親切心から助言したことば》との板挟みで、私はもんもんと悩みました。でも高校に進学したいという、私の決意は弱まることはありませんでした。

ある日、「そうだ、高校進学は、親の援助を受けず、自分が働いて、自力で行こう!」と思ったのです。それからは行動あるのみ。両親と対立することなく、一番に家の仕事をきちんとこなし、その上で仕事と勉強を両立させるために、いろいろな条件に合う高校を探しはじめました。そして見つけたのが、通信教育と通学とを併用している高校でした。

願いが適って通信高校へ入学までこぎつけました。家業の仕事の合間に、スクーリングと夜間高校に通い、仕事の休みは1日と15日の月2日間だけでしたが、懸命に頑張りました。また高校が休みの日は、夜遅くまで機織りの仕事をさらに頑張ってやりました。だから仕事をきちんとこなしている私を見ていた両親は何も言いませんでした。

高校で学ぶ時間は有意義で予想以上に楽しい時間でした。夜間高校だったので、社会人もいれば、同世代の旧制中学の卒業生もいて、さまざまな経験をしてきた幅広い年齢層の人と友情を育みました。先生も夜間高校に通う生徒のさまざまな事情を理解してくれて、熱心に丁寧に教えてくださいました。その中でも特に教育熱心な先生がいらして、ご自分が戦争に駆り出された時の体験を時々私達に話してくださいました。その時の先生の「二度と教え子を戦場に送らない」という強い思いの言葉は、その後の私の人生に大きく影響を与えているように思います。

先生になる──立命館大学へ

私は学生生活を送る中で、「自分の生きる道は教師になることである」と改めて自覚するようになりました。「教師になろう。大学に行って、高校の先生になりたい」とさらに目標をはっきり定めるようになりました。そのためには大学に行かなければ、大学の学費も貯めなければと、仕事も勉強も一層力を入れるようになりました。そして「これからの時代を知るには、日本史がよいのではないか」と、先生方の助言もあり、立命館大学史学部の二部・夜間部を受験することにしました。

学費を貯めるために、家業の織子の仕事も一生懸命しました。両親も私の姿を見ていたせいか、この頃になって言葉はありませんでした。女の私が学ぶことを認めてくれたように感じます。

立命館大学に合格し入学が決まりました。高校時代よりも友人も増え、大学生活はさらに幅広く、深く学べて楽しかったです。当時の大学は、政治活動が盛んでしたが、私はデモ等には参加せず、ひたすら学術部等の研究会に参加していました。二部の学生はみんな真面目でした。日中は働き、夜間は熱心に学んでいました。私もずいぶん刺激を受けました。

夏休みには、グループの仲間と一冊の課題図書を回覧し、それぞれが読み込んだ後に、お互いに議論し合ったりしました。私は自由な雰囲気の中で大いに学んでいきました。教授達も熱心に私達学生をサポートしてくれました。立命館大学時代の思い出に残る教授は、研究室にも通わせてくれた上田正昭教授（歴史学者）でした。また唯物弁証法や社会科学を学ぶ中、仲間同士刺激し合いながら、私自身の立ち位置や周囲の環境の変化に刺激を受けつつ、広い視野から自分の行動や思考を把握するように変わっていきました。

学習会やサークル活動を行う中、一人の男性と親しくなりました。それが夫となる藤田忠宏だったのです。藤田氏は、我が家の近所にある経理事務所にアルバイトしに来ていました。そのため、顔を合わせる機会も多く、次第に意識するようになっていきました。

当時は就職難の時代で、教員免許はとったものの、教師になることは容易ではなかった時代でした。また教員に限らず、戦後間もないあの時代、大学を卒業した女子学生にとっては就職難でした。理由は「女子は社会に出て就職しても、せいぜい3、4年で、せっかく一人前になったときにポイとやめて結婚する人が多いから」と、歓迎されない風潮があったのも確かです。

四期生の時に一部に編入した私は、藤田氏から「結婚」という選択肢を出されました。教師への道をアタックする熱意が少し減ってきたその頃の私の頭の中で、結婚をする選択肢も浮かぶようになりました。

結婚して親になり、保育者になる

「結婚するなら家庭を守るのは女の役目。女は仕事はせんでもよい」と親から言われましたが、労働者を守る弁護士さん達が家の近くで法律事務所を立ち上げたので、そこでアルバイトをしながら、同じ時期に藤田氏と結婚をしました。

結婚して一年ほどで長女を出産しました。ところが長女の面倒を一緒にみてくれていた母が急逝したのです。病身の父の介護もあったので、それまで勤めていた法律事務所を退職し、一旦家庭に入ることになりました。そして父の介護を2年ほどしていましたが、その父も亡くなり、私は再び職を探すことになりました。

その頃、長女を預けていた白い鳩保育園が保育者を募集していることを知り、私はもう一度教育者として働きたいと思い、募集に名乗りをあげ、正式に採用されました。これが保育者としての第一歩となりました。

昭和40年代、この頃は女性の権利拡大に伴って働く婦人が増加していく時代でした。けれど、当時女性は20歳くらいで結婚し、出産後も働き続けるには、職場内の理解だけでなく、夫や家族の理解と協力を得られなければかないません。ましてや「子どもがかわいそう」と揶揄されることもあったりで、なかなか働く以前の苦労があった時代でした。また現在のような「育児休暇」の制度はありません。保育所の増設と「産休明けから預けられる」０歳児保育や長時間保育などは無いに等しく、働く母親を中心に保育所運動が活発に行われるようになりました。

白い鳩保育園に勤めて３年目に、私は京都市保育士会会長となりました。この会長就任中に、《給食センターの改善》、《野外活動が可能な広場づくり》、《公立私立保育園格差の是正（給与アップのためのプール制の制度を確立）》という三点の問題点是正のために力を尽くし、京都市や園長会とのミーティングを頻繁に行いました。この時代の経験の中で、さまざまな人間関係を通して、折り合いを付けるコミュニケーション力や、問題解決の為に必要な広い視野と柔軟に考える力を養い、保育者としての信頼関係を築いていくための土台を形成していったのだと思います。

西七条保育所へ

前述したように、結婚して子どもができた後も、働き続けるつもりでいたのですが、急に母が亡くなり、病身の父を看るために、一旦家庭に入りました。その父もまもなく他界し、新しく仕事を探すことになり、勤め始めたのが保育園でした。

高度経済成長期から一挙に共働きが増え、「ポストの数ほど保育所を」の掛け声で保育所づくり運動が広がりました。けれども保母の給料は安く、保母になる人は少なかったのです。

京都市内でも、革新自治体になると同時に保育園が増えていきました。西七条地域も商店や会社が多く、働き続けたい女性の声も高く、大きな運動がくり広げられました。

昭和45年に公設民営保育所として西七条保育所が設立されました。そこに私は園長として赴任することになりました。

第二章

西七条保育所と子ども達

高度経済成長の波に乗り、働く女性も増え「ポストの数ほど保育所を」と運動が広がった。西七条地域でも、地域の人たちや働く婦人たちの運動が起り、昭和45年に公設民営保育所として西七条保育所が設立された。そして藤田ヒサエは園長として赴任した。

藤田は水を得た魚のように、保育内容の充実に努めていった。さらに園内だけでなく、社会や地域との密接な連携を図りながら、子ども達の生活がより充実したものになるように、相互の連携を推進していった。

子どもが育ち、保護者が育ち、そして職員も育てられた西七条保育所の歩みを記す。

『子どもの文化』（子どもの文化研究所発行の雑誌）１９８９年7月号、１９９２年1月号、１９９５年３月号と7月＋８月号、１９９9年3月号。『はばたけ虹へ向かって』（西七条保育所20周年記念誌）。『はんなりほっこりほいくえん』（西七条保育所30周年記念誌）に掲載した園長として考えた西七条保育所の保育方針や保育のねらい、目標、保育実践等の記録を抄録したものである。

第二章　西七条保育所と子ども達

1　人間が人間らしく育つ場《保育所》の使命

戦争はイヤ！　この気持ちを伝える

私が勤め始めた頃は、「ポストの数ほど保育所を！」の運動が拡がり、働く女性が増えていきました。しかしその割には保母の給料は安く、保母の数も少なかったのです。京都市内でも、革新自治体になると同時に、保育所が増えていきました。地域の人達や労働組合の人達が一緒になって運動をして出来た西七条保育所に私は赴任することになりました。

戦争はイヤ、子ども達を戦場に送りたくない、そんな思いが強くなっていきました。０歳から6歳までの子どもの発達は、一生の中で一番成長の度合いも強く、３歳までに脳の大部分が発達するといわれる程、幼児期の教育は大切です。それだからこそ手塩にかけて育てた子ども達が大人になって、戦争の道具に使われるのはまっぴらです。

保護者も職員もその思いは一致していました。夏まつりには盆踊りを楽しむだけでなく、戦争の悲惨さや平和をアピールするパネルを展示することになりました。バザーも単に利益をあげることを目的とせず、文化的行事（人形劇やコンサート等）も取り入れて、地域共々楽しむようにしていきました。

子ども達には、毎年卒園前の合宿で、八木義之介氏の『糸井ちゃん、せんそうのお話してあげる』（蒼海出版）を読み続けていきました。「センソウハ　コワイシ　イヤ」「センソウニ　ナッタラ　イエガ　モエル」と、子ども達は子どもなりに戦争の怖さを知っていきました。戦争を起こさないために作られたこの絵本の読み聞かせをする私の声を入れたスライドを、保護者の方が作って下さいました。このスライドは退職する私から、園の子ども達へのよいおきみやげになったと思っています。

「21世紀は平和の世紀」みんなが豊かになると信じていましたのに、湾岸戦争に始まり、イラン・イラクの戦火は拡がっていきました。そして日本では、あの平和憲法が抹殺されようとしています。「ガラスの地球をこわさないよう、みんなで守りましょう」そんなコマーシャルもだんだん薄らいできています。人間の叡智を集め、人間が人間らしく世界中のみんなが幸せに過ごせるような、そんな地球であってほしいと思うのです。

（「子どもの文化」１９９５年７＋８月号）

子育ての方向を間違えないように

学生の頃には思いも及ばなかった幼児教育の場に携わってはや20余年。毎日園庭で遊びまわる子ども達を見ていると、平和で穏やかな日々の続くことが幸せなんだなとつくづく思います。人生も半ばを過ぎ峠を越えはじめると、残りの人生が見えてくるようで、これまであまり波乱のない人生だったせいか、これからも平穏に過ぎていくだろうと思っているわけです。自分の人生の周りには、それほどドラマチックな出来事は繰り返されているわけでもないからでしょうか…。

人生は小説よりも奇なりと言われますが、日々の新聞を見ると物騒な出来事が多く掲載されて驚くことしきりです。でもドラマチックといえば、4月に入園してくる0歳児が、わずか5年の期間を経ていよいよ卒園し、一年生となって巣立っていく姿の方が、内面的にも外面的にも大きな発達を遂げる時期なので、これこそがドラマチックな展開といえるのではないでしょうか。

ふと印象深いAちゃんを思い浮かべてみると…

—生後3ヶ月で入園してきたAちゃん。まるまる太って、お父さんに似ている。2歳、3歳と年を経るに従ってだんだんスマートになり…仕草はお母さんそっくりのところがあって…やっぱりあの二人が両親なんだなあ！　小さいときは、内気でなよなよしていて、気持ちをことばではっきり言えなかったのに…いつも保育者の後にくっついてばかりいて…泣きべそをかいていたのに。毎日の日常で、両親と保育者とたくさんの子ども達との関わりの中で、心も身体もたくましく育ってきた…2月の生活発表会では、障害があってはっきりしゃべれない子の後にいって、そっと声援の言葉をかけていた…弱い子や、小さい子をみると、さっと出ていって、お世話してあげられるようになっていた…。

いよいよ3月、西七を卒園して一年生になる。――

20余年の保育所の生活の中で、子どもの姿はそう極端に変わってはいないように思います。むしろ日本の社会の変わり方に眼を見張ってしまうことが多いです。自分さえよければ…と政界をゆさぶるリクルート疑惑事件勃発。かと思えばわけの分からない間に、ころころ変わる大学入試のあり方。高校↓中学校↓小学校と上から下へ戸惑いが流れていく。子ども達はそんな中で、親の叱咤激励のもとに動かされることになる。そんな揺れ動く社会の中にあっても保育園は、子どもの真の発達をめざして、人間性豊かに育つことを願って、保育に努力していきたいです。

日本の戦後の社会の流れは、西欧に比べて格別に早い。早く早くと急き立てられ、気がついたら戦争への道を走っていたということのないよう、同じ一日でも昨日と違う一日があり、その積み重ねが一年であることをじっくり見つめ、方向を間違えないような子育てをしていきたいと思うのです。

（「子どもの文化」１９８９年７月号）

2　新しい年を迎えて考えること

世界が身近になってきた

１９９０年頃から、保育園にも外国のお客さまが増えてきました。子ども達の前でトランペットを演奏してくださった南米の方、人形劇をしてくださったスウェーデンのイングマソーさん達。世界の国々が、日本とますます近くなっている…そんな実感が強くなって来ました。

子ども達に世界がわかるように、地球儀を買おうと思っておりましたが、丁度ソ連の異変もあったりして、もう少し国の事情が落ち着いてからにしようということになってしまいました。今、地球が動いている。世界の国々が、日本とますます近くなっている、そんな実感が強くなってきました。

21世紀は、地球＝国ということになって、現在の世界の国は、例えばアメリカの州のようなものになるのではないかと思います。ちょっと旅行に行くといって、中国やアメリカにすぐ飛んでいけるようになるのではないか、そんなことを夢見ています。

そしてそのとき日本の子ども達は、どうなっているのでしょうか。日本から出るのが怖くて、日本の国にしがみついて、働き続ける人間になっていくのでしょうか？

地球規模での子育てを！

'92年度より、小学校の一部では完全週5日制が実施されるようです。「休みが増える分、塾へ行く」ということにならないか心配です。また、近年の出生率の低下に伴い、日本の将来を心配した厚生省の方々が、《育児リフレッシュ支援事業》《地域保育センター活動事業》ということで、予算を保育所につけてくれました。どのようなことに使えるのか、京都段階では詳しいことは聞いておりませんが、子育てに悩んでおられるお母さんたちに向けて「どうぞ保育所へ」と、招待するということでしたらまったく異存はありません。

しかし「育児が嫌だから、私も遊びたい」と、テニスやゴルフをするお母さん達の手助けをすることになるのだとしたら、あまりよい気はしません。子どもを産んだ母親と父親の両親と共に、子育てをする――その一致の上でないと、産んだ後は誰かが育ててくれるなどと、無責任な親を育ててはいけないと思っています。

子ども達がすこやかに育つために、私たち大人（保育者）が、今年も何かしなければいけないと思っています。

（「子どもの文化」1992年1月号）

大人の大きな連帯の「輪＝和」が必要な時

西七条保育所が設立された約30年前、全国的には「ポストの数ほど保育所を‼」という運動が展開されていました。けれども当時、厚生省は、保育所を増やす気などさらさらなく、ようやく誕生した革新自治体によって、やっと保育所は増えていきました。

その当時は保育条件も厳しく、保母は疲れ果てて辞めていく人、病気になる人もたくさんいました。頸肩腕症候群が続発し、職業病と認定される中で、ようやく保母の労働も少しは軽減され、9時間労働も解消し、休憩もとれるようになりました。現在は、どの職業も40時間制を施行される中で、保母もやっと人間らしく働けるようになったということでしょうか。40時間制といっても、週休2日制など夢のまた夢、年間を通しての平均40時間のところが多く、祭日やお正月休み、盆休みを入れただけで、少しも条件が変わらないというところもあります。

そんな中で保育所のあり方が、１８０度の転換を迫られつつあるのです。出生率の低下を配慮したのか、厚生省は、全ての希望する親の子ども達が保育所に入れるようにと、乳児保育の奨励、待機児童解消のための分園方式を導入して、子育て支援のための一時保育の実施など、多様なメニューを出してきました。

30年前の政府は、「母親は家庭にかえり子どもを見るべきだ」と、乳児保育にも否定的だったのに、今度は、「母親が子育てから解放され、趣味を持つために、育児に支障をきたすならば、一時的に保育所に預けることが出来る」としています。女性が人間として生きることを認められたという点においては、大変喜ばしいことですが、子ども達を預かる側には《ゆとり》がありません。ましてや社会福祉基礎構造改革案（平成11年）が保育所にも適用されるとなると、ますます保育園側の負担は増大で大変です。

30年前の厳しい保育条件から脱却し、働く人々の条件を良くすることは、保育内容に当然のように跳ね返っていました。だからこそ研修会や研究会が盛んに行なわれ、子どもの発達保障をいかにすべきか、一人ひとりの子どもが健やかに発達する条件をどのようにつくっていくのか、又障害を持った子ども達にも手厚い指導・支援を施すべく討議が重ねられてきました。

教育や保育に競争原理が導入され、効率ばかりを追求すると、個性ある子ども達の発達を保障する保育や教育はなされず、その結果「ムカツク、キレル」と短絡的に何事も他人のせいにするような人間が育つだけではないでしょうか。

「子育ては楽しく、まわりの大人とみんなで」がモットーの西七条保育所では、まわりの大人がしっかりと手をつないで子ども達と向き合い、子ども達の成長を見守っていこうとしています。

大きな嵐がくれば、大人が防波堤になる。太陽が強すぎるときは、木陰を作ってあげる。そんな中で育つ子どもの姿を見て、大人はホッと安堵して喜びを感じるのです。大人のまわりも厳しい波が押し寄せてくるけれど、行く手を阻むものはみんなで取り除き、大きな連帯の中で子ども達は守られ、育っていくのだと思います。今、大人の大きな連帯の「輪＝和」が、とっても必要になっていることをつくづく思う次第です。

（「子どもの文化」１９９９年３月号）

3　昭和52年3月・男性保育者も法的に認められる

西七条保育所、男性保育者第一号誕生

当園が出来て2年目の、昭和47年頃、まだ男性には保母資格がありませんでしたが、幼児教育に携わりたいという青年が現れて、西七条保育所に来てもらうことになりました。

彼は祖母に可愛がられて育ったせいか、大変きめこまやかな、おとなしいタイプの青年でした。まわりの保母は「男の人やのに、おとなしいなあ」「もっと活発に、大きな声で子ども達に声をかけてくれたらいいのに」と好きなことを言っていました。

けれど保母たちが大きな声で子ども達を誘導する時、彼は一人ひとりの子どもに声をかけて誘導を促していました。また保母達が子どもに追われて後片づけもそこそこに、子ども達をお昼寝

させている間に、彼は手早くそこらを片付け始めていました。女性よりも気働きのできる男性だったのです。

男性保育者、続々と増える

昭和50年、西七条保育所は増築し、定員60名から１２０名の園になり、職員数も10名から25名に増えました。その時の職員募集で男性も３名増員して、現在合計４名の男性保育者となっております。

ひと昔前は「育児や保育は女性の仕事」といわれ、保育所は女の園のようで昭和47年当初の保育所に飛び込んで来た１人の男性保育者に対して、女性ばかりの保育現場に、彼が臆し、保育について思うことを自由に発言できないのではないか…と心配もしました。施設の設備に関しても、男性用トイレがあるわけではなく、洋式トイレも少なく、男児用のトイレに並んで大人の男性トイレが一つ応急的に設置したような状態だったし、プールの後や仕事の後の着替えに使う同じ休憩室は、絶えず女性が専用しているし、あの頃を振り返り、彼は「男性としてそこへ入る勇気がない」とこぼしていたことを思い出しました。そういえば、あの時の彼は、小さなシャワールームとか、隅っこの見えないところで、小さくなって着替えをしていたようでした。

最初の男性保育者を迎えて以来、20年余り経過し、西七では入れ替わりはあったけれども、必ず男性保育者は2～3人を配置して保育は進んでいます。いずれにしても最初の頃、女性の世界に飛び込んだ男性保育者は、それなりの勇気があったと思います。

西七条保育所は女性パワーがとても強いと評判です。理由は、西七地区は会社が多く、働き続けたいと願った女性たちが「保育所運動」を展開してできた保育所だから、おのずと女性のパワーが強いのです。園長も子育てを経験してきた女性、保護者会長も女性という女性パワーの強力な保育所の初代園長に私は就任しました。

でも私が初めて保育の仕事に就いた保育所は、園長は男性、給食を作る人も（軍隊で食事を作っていた経験のある）男性でした。実は私としては、男女両方で構成する環境の方が、違和感なくナチュラルだと感じているのです。

昭和52年、男性にも保母資格

西七の開園後しばらくして、男性職員を設置したいと考えていた時に、男性の希望者があり、来てもらうことになった同じ頃、全国的にも保育所が増え始め、同時に男性にも資格を与えようという運動が広がっていました。現在、西七にいる男性達もそういった運動に加わり、昭和52年、男性にも《保母》という名の資格が与えられるようになりました。

平成11年末に厚生労働省から「重点的に推進すべき少子化対策の具体的実施計画について（新

エンゼルプラン）」という少子化問題への取り組みがあり、子育てに対する父親・母親の共同責任とか、子育ての大切さ・楽しさなどについての広報媒体として《育児をしない男を、父とは呼ばない》というポスターが、厚生労働省から届きました。

職員が「これどう思うお父さん!!」と父親に尋ねると、

父親は「趣旨はわかるけれど、いきなりこんなことを言われても…」と。

男性保育者が認められて20年余り、男女機会均等法が施行されて約10年。子育ては平等に、仕事も平等にと、いきなりいわれても困惑するしかないだろうなと思います。

日本が民主主義社会になったのは戦後。それもまだ60年も経っていないのですから…。徳川300年の封建社会が続き、幕府が倒れて明治になっても、男性優位の社会は変わらなかったのですから。敗戦で与えられた民主主義になってから、女性の参政権が付与されるようになって、女性の力も少しずつ強くなり、真の男女平等を求める声もあるけれど、まだまだ会社の中で女性社員はお茶汲みが当たり前という風潮は抜けていません。これが日本社会における男女格差の実態ではないかと思います。

父親の送迎も堂々と

男性保育者が誕生したことで「保育所に男の先生がいる！」の物珍しさから始まって、お父さんの送迎の数も増えることに繋がりました。お父さんが園に来るようになって、お父さん同士のつき合いもはじまり、お父さんの園行事に参加する数も増えてきました。

というのは、お母さんの代わりに「子どもをお迎えに行ってといわれても、女性ばかりの保育園に入るのは、なんか恥ずかしい」というお父さんの本音があったらしいのです。世の中には《男の子》という育て方をされた、お茶碗一つ洗ったことのない男性もまだまだ多いのが実情でしょうし、学校の家庭科でさえ、実習は男女別々だったでしょうから。

西七では、男女共に子育てができる環境を作るために、気軽にお父さんも保育園に入って来られるように「おやじの会」を作って、たまには男同士で育児や仕事のことを話し合い、お互いに情報共有したり発散したりしています。また、女性の方も「母親の会」を作り、時々飲み会をやって発散しているようです。

子育ても仕事も、食事を作るのも、家族みんなで自然に助け合うことができていれば…それでいいのではと思います。

女性だって多種多様の個性があり、男性でも同じでしょう。けれど男性が保育者になれば、いつかは（自然に？）園長になる…なんていうことにはならないと思います。京都の保育所初の保育者の彼は、50代半ばを超えて、今日も元気に子ども達と遊んでいます。

（「子どもの文化」１９９５年３月号）

4　保育園の20年を振り返って

―『はばたけ虹へ向かって』西七条保育所20周年記念誌より

保育所づくり運動「ポストの数ほど保育所を!!」の時代

地域の人達の「保育所運動」が実って、１９７０年（昭和45）５月に西七条保育所が出来ました。すぐに園児募集を開始し、６月12日に開園式をしました。

あの当時は、高度経済成長時代へ向けて日本中が走っているときで、世の中は物の使い捨てが激しくなりかけた時代でもありました。そんな中の開園でしたから、保育所の設備及び運営に関する最低基準と決められた条件が、開園当初の西七条保育所にとっては最高基準と見まがう状況で、備品等も揃い切らない中で、保護者の方々の熱い希望に応えて、集まった職員一同は「子ども達によりよい生活を」の目標を掲げて保育が始まったのです。

「ポストの数ほど保育所を!!」のスローガンのもとに、京都市は年間10ケ所の保育所建設計画を打ち出し、保育所建設に向け一年〳〵着工を進めていました。それでも保育所の数はまだ少なく、特に育児休業明けの0歳児保育を受け容れられる保育所は、市内では数えるほどしかありませんでした。そんなこともあってか、当初は年度内1回の募集に対して倍率10倍の狭き門となり、「西七条保育園に入るのは京大に入るよりもむずかしい?」といわれました。そんな中で増設運動がくり拡げられ、5年後には2倍の120名になりました。

園舎も倍の広さになったものの最低基準ギリギリ。園の施設で職員の休憩室が必要ということだったのですが、最低基準の枠が広がると、たちまち基準よりも狭くなり、あいも変わらぬ保育者の労働加重は、全国的にも職業病を生み出し、西七もその例外ではありませんでした。

1981年（昭和56）3月、ホール完成!

園舎も、倍の広さになったものの、あいかわらずの基準ギリギリ。「狭い部屋にたくさんの大人がいると、空間がなくなり、人と人との空間がなくなると、いろいろな形で神経を疲労させ、病気になるのではないか…」「子ども達にとっても、保育室の広さは設備基準を満たしているけど、雨の日は園庭が使えないから、ストレスが溜まってしまうのではないか…」等々のいろいろな意見が出る中で、10周年を迎えた頃に「ホールをみんなでつくろう!」が合言葉となって、それを実現させるための運動が開始（昭和55年）されました。

みんなの協力のもとに、資金集めのバザー等が活発に繰り広げられ、翌年3月にはホールが完成したのです。みんなの願いと協力で作られたホールは、子ども達の生活の中で大いに活用されました。夏の4、5歳児の合宿もホールを使い、子ども達の製作展も、1年の成長を確かめる場の生活発表会も、リトミックもホールで出来るようになりました。時には職員や保護者も共にレクリエーション活動をしたり、いろいろな活動が出来るようになりました。豊かな空間は、保育を豊かにしてくれました。

また必要に迫られて動きだしたバザーでしたが、その後も園運営に協力する行事として続いています。夏まつりも毎年盛大に行われるようになり、保護者、ＯＢの方々、地域の人々もたくさん西七に集まるようになりました。

完全給食をするにあたって

保育所給食の外部委託がまかり通るような時代になってきましたが、西七では最初から、保護者の協力を得て「完全給食を！」ということで、他園ではまだ栄養士がおかれていない頃から、「手づくり」でつくる過程を知らせながら、子どもの心に届く給食づくりを心がけてきました。おやつも、市販のおせんべい一枚というのは20年以上前の保育所でよくあった話ですが、西七では「一貫して手づくりを!」といってきましたし、はじめは週に1~2回だったのが、この頃は毎日、手づくりのおやつになってきました。毎年5月の給食参観には多くの保護者が来てくださり、参観後の試食、懇談会にも多くの方が参加されます。

西七の開園当初(昭和45年)は定員60名でスタートしましたが、園舎増築で(昭和50年)定員120名となった今とでは、給食室もずいぶん様相がちがってきています。以前は給食担当者1名だったのが、今は栄養士、調理師が複数になり、離乳食、幼児食、おやつ、アレルギー食をつくり、給食づくりが計画的に取り組めるようになってきました。

成長期にある子ども達の食生活が、生涯の心と身体の健康をつくる時期といわれるだけに、保育所の給食、おやつは大きな役割を果たしています。また子ども達が、元気でいきいきと生活するためには、おいしく食べられること、食べることが楽しいことも大切です。

子ども達の成長、発達を守り育んでいくために、バランスのとれた栄養素の摂取だけでなく、食品添加物に注意し、子どもにあった調理、味付けで、おいしい給食をつくることが大切です。そして楽しく食べ、食べることが楽しみになるように、心豊かになるような給食内容でありたいと思っています。

ただお腹をいっぱいにするだけでなく

毎日の食事が心と身体の成長の糧となり、おいしく楽しい雰囲気づくりをしてくれるものに、日本の行事食、お料理ごっこ、お誕生日会があり、毎日使う食器類も大きな役割を果たしています。昔から受け継がれてきた、1月の七草ごはん、小豆ごはん、2月の節分のイワシ焼き、3月のひなまつりにはハマグリのお吸い物…。季節感や伝統を子ども達に伝えようと心の通う食事づくりを行っています。

また、日常の保育の中では、天気の良い日は、西京極、桂川へと散歩に出かけ、先々で見つけたよもぎでよもぎ団子にしたり、おいもパーティーをして、桂川の畑で育て収穫したさつまいもと人参、大根を子ども達と一緒に調理して、園庭で豚汁を食べたりします。これは解放感もあっていつもより食がすすみます。お誕生日会は毎日の給食とは趣向を変えて、レストランのお子様ランチ風に盛り付けて、3歳児から5歳児はホールに集まって賑やかに会食をします。食事は生活を豊かにしてくれます。

集団給食といえば、ポリプロピレン、メラニン樹脂の食器がほとんどでした。西七では、耐久性、安全性を考えて当初はステンレス食器を使っていました。その後、子どもにあった食器をいろいろ考えた末に、安全性、清潔、そして家庭的な雰囲気も重視して、子どもの手にほんのりと伝わるぬくもりのある白磁の陶器を使うことになりました。

地域に開かれた保育園をめざして

20周年を迎えるにあたって、いろいろなところで、今後の西七に期待する声を聞く中で、共通して出されたことは「地域に利益を還元できる保育園」という姿でした。

創立以来、地域の人たちの保育要求を聞きながら、必ずしも入園できなかったケースがあること。保育園の存在が大なり小なり、良い悪い両面の影響を地域の人たちの生活に与えていること。地域で生活する子どもの状況の全てが、恵まれたものではないこと等が、より地城に根ざした保育園に！という思いを熱くしているように思いました。

入園希望者は、今年も１２０％を越えました。ここ最近の傾向ですが、幼児の希望者が多くなっているようです。他園からの転園を希望するケースが、ＯＢの人や在園の保護者の紹介で増えてきています。入園を希望する人に、園に直接来てもらって事情を聞く中で、福祉事務所に全て入園選択をまかせていたのでは、地域の保育要求に応えきれていないのではないかと思う面がありませす。入所基準が建前的なものになっていて、生活実態から遠ざかっているのではと思うところもあります。子どもを預けたいと思っている人の実態をよく掴み、福祉事務所とよく話し合っていく必要もあると感じています。

保育園の存在が、20年の歳月の中で地域の中に定着してきたと感じることがいくつかあります。

雑巾をつくって持ってきてくれるおばあさん、いらなくなった玩具や絵本を届けてくれる人、鈴虫がかえったと見せにきてくれる人、散歩に出れば「子どもは罪がない、子どもの笑い声はいいナー」と、声をかけてくれる人、庭先のざくろや柿を採らせてもらって帰ってくることもあります。20年前は殺風景だった園庭が、今では、見事な花を咲かせる樹になり、園庭に咲くバラ、桜、沈丁花の美しさにひかれて「挿し木をさせて…」と気軽に声をかけてくるご近所の方もあったりで、ご近所さんとも親しい関係になり、保育園が憩いの空間になっているのかもしれません。

何時だったか、うぐいすがどこからか飛んできて、ホーホケキョと鳴いた時には、園内は子ども達の歓声で大さわぎになりました。後で、近所の人にとっては、何ごとが起こったのかと驚かれたと聞かされ、ご迷惑をおかけしたこともありました。けれども土や緑がどんどん失われていく中で、保育園がいつまでも、この姿を保つことができたら、ホール横のくすの木がもっと伸びて町内のシンボルになったり、さくらんぼ、ぐみ、みかん、柿、キーウィがいっぱい実って、匂いや色づきと共に、味わうことも地域の方々と一緒にできたらいいなあと思っています。

地域交流・バザー・夏まつり

地域の人に望まれ、たくさんの人が西七に来てくれる日があります。開園以来続けているバザーと、開園3年目から続いている夏まつりの日です。

バザーは「良い物を安く、手軽に」を合言葉に店が出ます。供出品を扱うホールには、開店前から長い列ができるほどです。昼食用に、うどん、焼きそば、焼鳥等の店が出ます。多々ある自慢の店の中で、なんといっても「オヤジの会」を中心に、お父さん達で作るクッキー、ケーキは逸品といえます。パン屋さんの保護者の方の家に早朝5時に集まり、OBでホテルのシェフの指導のもと、20余名のオヤジ達によるハンドメイドお菓子です。クッキーの袋詰め100個、ケーキは300個を超える売れ行きだった年もある人気です。また職員と保護者の手作り品は、カバン、リュックパンツ、チョッキ、髪飾り等、いろいろな品物が並びます。

夏まつりは、8月の最終土曜日に行われます。前日は前夜祭で、良い文化に触れる機会にしようと、映画を無料で観ていただいたり、演劇鑑賞をした年もありました。ある年は、保護者と職員による手作り演劇「白雪姫」を上演したこともありました。いずれにしても毎年、趣向をこらした企画です。

夏まつり当日は1000人を超える賑わいになり、園庭は満員です。中央のやぐら、その周りから、園児の名前入りの提灯が張りめぐらされて、盆踊りが始まります。太鼓の音、踊りの輪、ビール、かき氷、おでん、唐揚げ、タコせん、イカ焼き、トウモロコシ、金魚すくい等、本格的なまつり気分を味わえます。子ども達もゆかたを着て踊りに参加します。

交通整理係や、ゴミ係、場内係が目立たぬところで気配りをしてくださって、おかげさまで開始以来事故無く続けています。この二つの行事を通して、地域の人にとっても年中行事になっているようです。またこの行事を通して少しでも地域へ利益を還元できる機会にしたいと思っています。夏まつりに参加することで汗を流し充実感を味わうことは、大人ばかりでなく、地域の学童期の子ども達も同じように感じて参加してくれます。

地域に開かれた地域交流のバザー・夏まつりがきっかけとなって、西七卒園児OBの友だちの小学生、中学生も西七に集まってきます。最近では、園で行われている太鼓やうたごえのサークルやOBと一緒に地域の子ども達も参加してくるようになっています。またOB会のキャンプにも地域の子ども達も参加しています。

OB会からの提案をうけて「地域子育て懇談会」が開かれた年もありました。そこでは地域からの教育要望を掘り起こし、子どもの実態を知りながら、わが家の子育てに確信を持てるようにしたいというのが懇談会の趣旨で「思春期を見通した保育」をといったテーマで、高垣忠一郎先生（大阪電気通信大学）に講演をお願いしました。講演の後は、分科会に分かれて参加者が話し合いを持ちました。子ども達のためにも、職員が在園の幼児や園児だけにとどまらず、子育てのネットワークづくりに参加していくようになったら、OBや保護者、地域の人達と子どもを守る輪がもっと広がるだろうと思います。

5　はんなりほっこりほいくえん――西七条保育所30周年記念誌より

30周年をむかえて

「十年ひと昔」といわれるように、当園も10年毎に、大きな節を越えてきたように思います。最初の10年は増築と職員の定着、そして10年を記念してOB会の発足でした。

公設民営は立派な建物だと色々いわれましたが、基準が狭く病休者が続出しました。10年後にホールを建設、やっと名実ともにゆったりした保育を展開することが出来ました。西七は、地域の運動が実ってできた保育所だといわれながら、そのカラーは？　と問われるとかなりむずかしいものがありました。０歳産休明けとか、長時間保育（特例保育）とか、今では当たり前のようになってきた条件も、その当時ではそれを実施していくには、大変厳しいものがありました。

全国的に病休者が出た１９７５～80年にかけ、保母の数がやっと増え、休憩もとれるようになりました。しかし、１クラスに４人～５人の大人が担任を持つことで、その意思の疎通を図るのが大変でした。時間内に職員会議や部屋会議を持つには、ダラダラしたことでは成り立ちません。

事前にレジュメを書き、項目ごとにしっかりと討議し、短い時間に終えるようにするためには、みんなの努力が必要でした。ついつい子ども達の姿を話していると長くなります。いろいろなことを経て20周年を迎え、新しく塗り替えられた園舎と共に保育内容も積み上げられてきました。

この30年間、いつの時代も多くの保護者の方が子ども達の入園を希望してくださり、有り難く思っております。下京区以外の所から来られる方もたどっていくと、もと保護者の方とか地域に住んでいた人から聞いてきたとか、どこかでこの園とつながっていました。人から人へ、知らない間に受け継がれ、園の良さを知って頂いたのではないかと心うたれることもたくさんありました。私達職員はいつの時代になっても子ども達の姿をよく見、心を知り、保護者の方々の子育てへの願いをしっかり受けとめて、共に育つよう心がけていくことが大切だと思いました。

時代が変われば子ども達の姿や保護者の願いも変わりますが、人間が人間らしく育つ場である「保育所」の使命は変わらないと思います。子どもが育ち、保護者が育ち、そして職員も育てられた西七条保育所がこれからも地域の人々に支えられ、末永く繁栄していけばと思います。

子どもが育ち、そして職員も育つ

「保育」という仕事は、ねらいのあるものだといわれます。保育は全人格の問われる仕事だともいわれます。ときには、感性が、価値観が、そして、人間としての誠実さが問われる仕事だともいえます。対象が幼子であればあるほど、自らに、「これでよかったのか」と問いかけながら、ていねいに子どもの姿を追うことが必要なのではないでしょうか。大勢（現在30名）いる職員が、同じ感性、価値観をもっているわけではありません。感性や価値観は、人それぞれ育ちの中で培われるのであって、むしろ違って当然といわなければなりません。だからこそ、抽象的な目標ではなく、具体的な目標を設定することが大切です。その目標に向かって日々の生活を営むこと、これが保育といえるのではないでしょうか。

西七条保育所の保育方針

0歳から6歳まで、集団保育を通して、自主的・創造的な人格形勢を目指す保育をすすめる。

園の三つの柱は《①全面発達　②集団保育　③科学的保育》です。

この三つの柱を具体化したものは、次のようなことです。

一、じょうぶな身体をもつ子ども

一、友だちを大切にし、友だちと一緒に力を合わせて行動できる子ども

一、意思をはっきり伝えられる子ども

一、意欲的にものごとに取り組み、最後までやりぬける子ども

一、ものごとを正しくとらえられる子ども

第三章　日々を綴る「園だより」より

毎月の西七条保育所の園だよりの巻頭は、藤田園長が綴ったエッセイだった。

子ども達のこと、園のことを記した後に、必ずその時々の子ども達への思いや、保育をめぐるトピックスを書き、その時の時事問題を衝き、問いを投げかける。

いかに世の中が変化しても、保育や平和を守る信念は変えない。

また、子育てに関する記述は、時々クスッと笑えたり、背中を押され励まされたり、優しくて厳しい藤田のことばは「園長語録」として大変好評だったという。

振り返って藤田の「園だより」を読むと、激動の時代の定点観測ともいえる。危うい時代に警鐘を鳴らしつつも、明日を担う子ども達がたくましく育つために、「子育てネットワークの構築」と「地域に開かれた保育所のありかた」を発信し続けている。

園長時代の園だよりの中から、最も激動期の、20世紀末から21世紀初めの６年間に絞って紹介する。

年表A　１９８８年（昭和63年）から１９９１年（平成３年）の出来事

１９８８年（昭和63年）出来事
■瀬戸大橋開通（４月10日） ■改正労働基準法（週40時間労働）スタート（４月） ■「ＨＩＶ薬害被害者の会」結成。国、製薬５社に対する賠償責任を問う（11月６日） ■乳児保育の所得制限撤廃（11月） ■３％の消費税法案成立（12月24日）
１９８９年（昭和64年／平成元年）出来事
■昭和天皇崩御（１月７日） ■新元号、「平成」（１月８日） ■ドイツ・ベルリンの壁崩壊（11月９日） ■高齢者保健福祉推進十か年戦略（ゴールドプラン）が策定（12月） ■「保育所保育方針」が25年ぶりに改訂 ■合計特殊出生率が過去最低の１・57に低下

1990年（平成2年）出来事

■一時的保育事業の実施
■ソ連、ゴルバチョフ最高会議議長が初代大統領就任（3月15日）
■イラクがクウェートに侵攻する（8月2日）
■東西ドイツ再統一（10月3日）
■任天堂が次世代機スーパーファミコンを発売（11月21日）

1991年（平成3年）出来事

■多国籍軍のイラク空爆開始により湾岸戦争勃発（1月17日）
■日本政府が多国籍軍に110億円の追加支援を決定（1月24日）
■福井県・美浜原子力発電所で原子炉が自動停止する事故が発生（2月9日）
■自衛隊初の海外派遣・ペルシャ湾掃海派遣部隊が出発（4月26日）
■育児休業法が成立（5月8日）
■長崎県の雲仙普賢岳で火砕流発生／死者・行方不明43人（6月3日）
■台風17号が長崎市付近に上陸。日本海沿岸部を縦断（9月14日）
■台風19号が長崎県佐世保市に上陸（9月27日）

第三章　園長日記「園だより」から

4月／1988

「さくら、さいたら、1年生」と巣立っていった園児たち。今年は、花冷えが続き「桜」の花が咲くのも遅く、小学校の入学式が終わった今日この頃になって、やっと満開になりました。西七条保育園（以下西七）では、入園式はありませんが、新しい園児たちも、順調に登園し始めています。今年は、0歳児が少ない（12名）せいか、あまり泣き声もなく、静かな年度の始まりです。入園式をしないのは新入園児のほとんどが0～1歳だからです。最近では、各クラスに一～二人の新入園児も入るようになりましたが、一日を入園式に使うよりも、各クラスで新しいお友達や保育者の紹介をしあって過ごす方が、働く保護者の方には良いのではないかと思っております。（ご意見があればお聞かせください）

ともあれ、一週間の春休みのご協力ありがとうございました。職員研修も終わり、新しい課題に向かって、踏み出しました。西七では、すでにご承知かと思いますが、0歳～5歳まで一環した保育目標を設定し、職員全員で、それを確認しあい、子どもの発達期の特徴に注目しながら保育を進めています。お互いに、他のクラスの子ども達についても必要な事は報告しあい、連絡を取るようにしています。クラス担任の異動もありますが、そのクラスの子ども達の関係を新しくつくりあげていくことも、子どもの成長の中では大切な面もあると思います。

特に小さいクラスでは、複数担任ですので、なつきやすい先生と言うこともありますが、徐々に周りに目が広がっていく中で、どの職員や、どのお友達とも対応していけるようになります。クラスに慣れたら、子ども達が楽しみにしている散歩に出かけます。今は、園庭でのどろんこ遊びに熱中している子たちが多いようです。

新しい気持ちで、この一年、職員もがんばっていきたいと思います。どうぞよろしくお願いします。

去る2月20日亡くなられた近藤薫樹先生（1920－1988）の追悼集会が東京で行われました。先生の生き方を綴られた「詩」をご紹介します。この『ジグザグ賛歌』は、子どもの発達、人間の生き方、共通している面で捉えられていることで感心しました。

『ジグザグ賛歌』　　近藤薫樹

子どもの発達も

人生の軌跡も
登っては下り　進んでは戻る
病んでは癒え　泣いては笑う
しばし停滞、急な飛躍
ジグザグあればこそ
子どもは鍛えられ
人の心は豊かとなる

人類の進歩も
社会の歴史も
そのジグザグの

紆余さらに長遠
曲折はるか複雑
幾百千万　生命かさねて
開く道　子孫に託し

人類は未踏の道を行く
ジグザグ道よ　私を
私たちを　鍛えておくれ

5月／1988

園庭の満開の藤の花を下に見て、真っ青な空、鯉のぼりが勢いよく風に泳ぐ姿を窓から眺めると思わず仕事の手が止まり、子どもの頃の夢を見ているような錯覚にとらわれます。あの風に泳ぐ鯉のぼりは、平和そのものです。さて、この爽やかな季節に大型連休とあって、日本人は民族大移動の一週間でした。大人の方はかえって疲れたと一息ついておられる頃だろうと思います。

瀬戸大橋が完成し、世界一と言うイメージにつられて、車は西へ西へと走る。その周りに住む人々は大変な騒音に悩まされたとか…。私も四国に夫の両親が健在であり、そちらから回って帰ってみようと思いましたが、名神の入り口から、車が立ち往生しているのを見て、船で渡ることに変更し徳島へ向かいました。人口20万人余りの徳島へ、年一～二回の故郷帰りを始めてから20年余りも経ちますが、駅前はホテルやデパートが少し増えたものの、大都会まではいかず、昔と変わらぬ静かな町並みや、家のそばの田んぼに咲く一面のレンゲを見ると、ホッと一息神経の疲れが和らぐ思いがしました。それでも、少しずつ都会にあるものが流れ込んでいる風潮はあり、国道沿いにできる大きな本屋が実家の近くにも出来ていました。

最近は、特に雑誌の創廃刊が著しく、若い世代を中心にしたものが増えているようです。そんな中で目についたのが働く女性の情報誌「日経 Woman」。週刊誌をちょっと厚くしたような表紙と内容。カメラマンも編集者もほとんど女性で創っていると言う。内容は難しそうではないが、いわゆる今までの婦人雑誌のように「食べ物・ファッション・旅」以外にページが使われていることに興味を惹かれました。そして出版社は日経新聞の関連会社であることも働く女性が増えてきたことや男女雇用均等法のおかげで、女性の進出に期待して市場を広げようとしているのか？

そういった意味で、女性もボヤッとしていられない思いがしました。経済的にやむを得ないから働くという消極的な働き方は、捨てなければならないと。またそれは、パートタイマーとかフルタイマーとか仕事の条件ではなく、仕事の姿勢の問題として仮にパートであっても、それなりの専門的知識を持たないと続けられない時代であることを考えさせられました。

そして、ワーキングマザー（働く母親）も当たり前になってきている時代だから、記事には働き続けるためのノウハウが掲載され、特に小さい子どもを育てている時は、《周りに協力する人を作りながら働き続けることが大切。無理なく働ける条件を考慮すること。方法はいくつもあること。保育所に預けても、仲間を作って相互協力し合うこと》等と書かれてありました。

5月5日は「こどもの日」、続いて5月の第2日曜日は母の日。母と子は切っても切れない仲なのか？　子どもを育てながら、自分も働き両立させるのが当たり前になってきたようだし、子どもは一人ではつくれない。何よりも夫婦が協力し合うことから子育ての第一歩が始まります。

6月／1988

台風のあと、やっと緑が美しい季節になってきました。先日、娘がしばらく北欧の方へ旅立つので、準備もあって買い物に出かけました。バッタリと、高校の先生に会った時「いやー、ちょうどよかった。遠いところへ行くのや？」「ハァーしばらく」「私も、今年の夏は、カナダの方へ行ってこようと思っているの」と。先生というより先輩とするような会話でした。その方は下の息子の時も、ＰＴＡ等で親しくしていた方なので会話が弾みます。その内容は、「京都の公立高校も、三年前の行政改革以降、特に、学校の方向が転換し、大学に何人受かったか、そのために、子どもの生活をどうまわしていくのかに重点がおかれ、子どもを管理的に掌握していくことで、親も教師の側も異議なく、そういう方向になってきているようだ…。」という感じ。

「人生80年の時代、折り返し点に立ってみると、いつまでも、教師をやっていなければならないこともなく、教え子の南部さんが北欧やカナダにとび回っているのを見ると、世の中の見方を１８０度変えて、考え直してみるのもいいじゃないか！」というようなことも話されました。

学校を辞めることに両親も反対している同僚と、退職して新しい生活をしている同僚を見ると「職業はこれしかないとしがみつくのは如何なものか…」と意見を言ってみたり、短い時間に女が三人よってペチャクチャ話をしていました。

ある新聞のアンケート結果で、世界の主な国々の中で、食事にかける時間が一番短いのは韓国（朝10分、昼15分、夜20分）で、その次が日本。人との待ち合わせも5分以上待てないのは日本人。日本人は大変気が短いようだと掲載されていました。その記事は正確なデータによるものではなさそうで信憑性はいまひとつだが、日本人は「勤勉で大変几帳面である」といわれるその逆をいえば、「気が短い」ということで、あながち外れてはいないように思いました。

小さな島国も乱開発で汚染され、住みにくくなってきたから日本を脱出する…というよりも、他国に学びながら、日本に活かすべきだと思います。「急いで、急いで、急いで」と急き立てるよりも「ゆったり」と「きっちりと」そういうことも必要ではないかと思いました。

仕事と育児で追いかけられている毎日ですが、たまには外国へ？　そんな遠い所に行かなくても、近くの山にでも足を向け、自然の中で気分転換すると、身も心ものんびりしてくるのではないでしょうか。自然が壊される事は、地球が滅びることにつながります。世界のどこへ行っても、みんなが手をつないで住める地球であって欲しいとつくづく思うのです。

7月＋8月／1988

梅雨が明けたばかりの那覇空港。太陽の先は一段とまぶしく、バスに乗る間も、躊躇するほどの強い光の沖縄で、「守ろう平和、今こそ切り拓こう保育の展望」というスローガンのもとに私保連（私立保育園連盟）大会が開かれました。戦後、米軍に占領され本土に入るにもパスポートがないと入れないというアメリカの統治下におかれた沖縄も、昭和47年、日本政府の下に返還され、それ以後保育所の認可もされ、社会福祉法人も増えてきて、やっと全国大会が持てる状態になってきました。町のいたるところに無認可園があり、認可されたところよりも安いので、子ども達はそちらへ流れる傾向があるといいます。オキナンチュー（沖縄人）は、ヤマトンチュー（本州の人をそう呼んでいる）が思っている以上に「平和」のことを日常的に考え、二度と沖縄を戦場にしてはならないという思いが、町全体に染みわたっている感じがしました。昨年開かれた国体で、「戦後を終わりにしたいと思っている政府」と「まだまだ戦争は終わっていないという沖縄の住民の思いの強さ」は、それだけ沖縄戦が悲惨であり、語り継ぐのも苦しい思いを抱いてきた人々が多いことだと深く思いました。

大会2日目の夕、「平和の集い」が持たれ、300人の予定が500人以上も集まり、椅子を取り払って床に腰をおろし、ひめゆり学徒の語り部の話を聞きました。集団自決の名のもとに二人抱き合って、服に引っ掛けた手榴弾に火を付けたが、何かの弾みで手榴弾が身体から外れて、火傷はしたが命は取り留めたと言う島袋さん。女学生でありながら、従軍看護婦として仕事をさせられ、麻酔も薬もない中で傷ついた兵隊の看護にあたり、暗い洞窟の中で悲鳴を聞きながら介抱したこと、アメリカ軍が上陸したたため病院の中にいた歩ける人は逃げられたが、歩けない人はどうなったかわからない等々…生々しい話を聞きました。また沖縄の教職員組合の人々からは、家族全員が敵の捕虜になるより、お互いに殺し合う集団自決を決行した話を聞いたりして、戦争の恐ろしさに寒気がしました。ただ単に戦争は酷い、怖いということにとどまらず、「戦争を許さない努力をするのが、私たち人間ではないでしょうか」ということを強く訴えられ、その気持ちがオキナンチュー（沖縄人）全体の根底に流れていることを感じました。

暑い夏、終戦記念の8月15日、平和祈念館に展示された数々の遺品を見ると、やはり戦争は終わっていないという気持ちを強くしました。子ども達には、平和で豊かな日本であってほしいとつくづく思うのです。

9月／1988

涼しかった今年の夏、8月も終わりになって暑くなりましたが、これからは一雨ごとに涼しくなることでしょう。朝夕は、冷え込むことも多くなります。寝冷えをしないよう気をつけてください。

新学期の始まった日の午後、ＯＢの中学3年生の男の子4名が、ドカドカと事務所に入ってきました。「中学最後やし、頑張らなアカンな」「夏祭りどうやった？　楽しかったやろう」という職員の声も上の空で、「何かおやつない」「お腹すいた」と言いながら部屋に上がり、出されたクッキーとお茶を飲み、ワイワイガヤガヤとふざけ合っていましたが、「あんまり面白いことないなあ」などと言いながら帰っていきました。その明くる日掲載された新聞には、中学生5人が、相次いで自殺した記事が載っていました。思わず前日に来た中学生の顔が思い浮かびました。お互いにふざけ合っていたけれど、何か不穏なムードを感じ取っているのかなあと…考えさせられました。子ども達には、気の休まる場所、気の張らない人との関係が必要なのか、あの子ども達の日常では「勉強」「進学」と言う言葉に急き立てられ、何かしらの苛立ちを感じとっていた矢先の《西七の夏祭り》が終わったあの日だったのでしょう。「保育園に来れば心休まる…」と思って来てくれたのだろうと職員同士話し合っておりました。

その後、子育て相談の講演会で、講師の先生が「今の子どもは昔の子どもに比べて、大変敏感になっている。ステレオに例えれば、昔はボタンを押すところもせいぜい三つ位で、少々押し間違っても壊れないが、今はたくさんのボタンがあって、それぞれ違った役割があり、手荒く扱うとたちまち壊れてしまうような敏感さを、今の子どもは持ち合わせている」というようなことを話されました。そして繊細な心と、人間関係は希薄になっていることを指摘されました。

スウェーデンと日本の保育事情を比べ分析した本にこんなことが書かれてありました。「スウェーデンと日本では、人間に対する考え方がまるで逆」だと言うのです。日本の場合、できるだけ一つの理想に適う人間に育つように、画一的な教育が施されている日本の教育に対して、スウェーデンでは、「エブリワンイズユニーク（Everyone is unique）」。つまり、それぞれの個性を尊重すること、したがってあるがままの人間を認めていく教育が施されているそうです。それでいて社会の一員としてのルールを守る自立した人間を育てる教育も、同時に成されているそうです。

個性を持ったそれぞれ個人の生活が重んじられつつ、社会の一員としてルールを守るという生活の仕方は矛盾するようですが、その両方を追求していくことは「個人」と「全体」との二面性のどちらも認め調和させることであり、ここに教育があり、子育てがあります。だから優しいようで難しいのだと思っています。

10月／1988

ソウルオリンピックが終わって、ほっとした人、オリンピックが終わってからはテレビを見ても面白くないと虚脱状態になっている人等、いろいろでしょうが、その中でも「オリンピックが無事終わってほっとしている」という気持ちが大半を占めているのはないでしょうか。今回のオリンピックは、お隣の韓国とあって、ごく身近に感じた人が多かったのではないかと思います。いろいろな政治情勢を背景にしているからか、オリンピックは、都市単位に行われるもの、メダルは個人に贈られるもの…と、そんな言葉をよく耳にしました。金メダルを一つ獲れば一生安楽に過ごせる国もあるとか…。ソウル五輪は、ＩＯＣ加盟１６７ヵ国の中、１６０ヵ国が参加した史上最多のオリンピックといわれ、東西の緊張もほぐれ、選手達も和気あいあいと交流しあっていたそうです。まさに「参加することに意義がある」という原点をどこの国も忘れないでほしいと思うのです。

さて、オリンピックが終われば、京都では国体（第43回国民体育大会）が待っています。開会式に保育園児も参加するところもあるのですが、私達の連盟内部の割り当ての結果、西七では参加しておりません。年に一度の国体が、天皇の病状によって中止にならないよう願います。

ともあれ、８日は西七の運動会です。日頃子ども達が培ってきた力とさまざまな成長を、運動会を通して見て頂きたいと思います。同じ年齢の子どもを見ても発達の遅い子、早い子、少なからず個人差があるわけですし、小さな年齢では普段は普通にできたことが、運動会の雰囲気にのまれて泣いてしまう子、運動会で起こる突発的なハプニングもあるでしょう。出来る限り子どもたちの日常の姿を、ご家族の皆さまに見て頂けるように、保育者一同、配慮していきたいと思います。一生懸命やっている姿には、惜しみない拍手を送ってあげてください。

10月の下旬か11月の初めに、下駄箱が変わります。全体的に傷んできたのと、一人ずつの枠がないので、靴の片付けがバラバラで整理整頓が煩雑になり、お帰りの時に靴が見つけられない子どもが出ています。新しい下駄箱になってからは、一足ずつ仕切りを作りました。ボックスにはなっていませんが、仕切りの中に必ず、靴が入れられるように名前もきちんとつけました。これからは子どもが自分で片づけられるようにしていきたいと思います。子ども達が登園したら下駄箱に靴がきれいに並んでおさまり、子ども達が降園した時には、下駄箱も空っぽになっているようお願いします。

11月／1988

急に冷え込みが増し、朝夕寒くなりました。それでも天気の良い日は暖かで、子ども達も散歩に出かけています。

10月15日～20日に開催された二巡目の京都国体、そして、29日～30日に行われた身体障害者の人々による「愛とふれあいの京都大会」も爽やかな汗を残して競技は無事終りました。閉会式は子ども達と見に出かけました。大変寒かったので長くはいられませんでしたが、整備された競技場、聖火台の点火を見て、子どもなりに感動したことと思います。身体の強靭な人々が、人間の力の限界を目指して挑む姿も、それなりに頼もしいものですが、障がいを持った人々がより努力してスポーツに挑む姿には感動を覚えました。それは、単に競い合うと言うよりも、お互いの友情の輪の中で成り立つ大会であることに人間同士の結びつきの美しさを見ました。テレビでも手話のボランティアの方が、「はじめは、何の気なしに手話を始めたが、この大会によって障がいを持った人々との心の触れ合いを強く感じ、人生の良い思い出の一コマになりました」と、涙ながらに語っていた若い女性の姿を見て、汗と涙と友情の大会であり、人間の美しいドラマの一面を見るようでした。

過日の学習会にお集まりの皆さん、ご苦労様でした。拙い話を最後までお聞き下さってありがとうございました。細かい事では色々と語りたいこともありましたが、時間の関係で端折りました。20年の歳月には、いろいろなことがありましたが、多くの方々のご協力で、人生を左右するほどの大仕事とは申しませんが、私自身の子育ても、なんとか人に迷惑をかけないで生きていくこと、そのための価値判断をしっかり持って生活するという人間に育ててきたように思います。子どもにとって0歳から20歳までは波瀾万丈で、一日一日が初めての経験の繰り返しの連続で生活しているのだと思います。その時に、親も子どもにとって良きアドバイザーでありたいと望み、また努力もしてきましたが、毎日の生活に追われると、思うようにならない子どもを自分の所有物のように怒鳴ってみたり、また反対に勝手にしなさいと放り出したり、または過度に甘やかしてみたりと、いろいろいろな対応があるでしょう。親も人間なのだから、いつも平常心で神様のように子どもに接することなんてできません。

しかし、お互いに信頼関係があれば、お互いに思いやりの心が通じ合っていたならば、その過程でいろいろ問題が起こっても、「和」を持って修復していけると思います。心が通じなかったり、思いやっていることがちぐはぐになると途端に問題が起こってくるのです。その時は親として子どもと向き合い対処すべきだと思っています。ともあれ、汗と涙と友情は子育てにも必要なことであり、努力しあってこそ実ることを改めて感じさせられた「ふれあいの京都大会」でした。

12月／1988

暖かい日差しを浴びると、あと一ヶ月でお正月という感じがしませんね。けれども町のあちこちで聞こえるジングルベルの歌を聞くと、思い出したように急に気ぜわしくなってきました。そして12月はこの一年を振り返ってみる月ですね。それぞれの御家庭では、どんな一年でしたか？次々と事故が重なって大変な一年だった人…、赤ちゃんが生まれて良かった人…。念願の家が購入できて良かった人…、そんなことを考える余裕もなく、仕事と子育てに追われている毎日だと言う人もあるでしょう。多分そのケースの方が多いでしょうね。同じ年を過ごしても様々です。

いつの世も子ども達が、元気に病気をしないで、すくすく育ってくれれば一番の喜びです。けれど子どもの「発達」には必ずジグザグがあり、時には親を悩ませます。親の思いとは裏腹に反抗する子どもの姿もあります。「こんなこと、なぜ言うのか」と、表面のことだけで叱ったりしていませんか？　けれども反抗する子どもの心の奥に潜んでいる大事な何かを、忙しさの中で見落としてはいませんか？　誰でもみんなが健やかに一年過ごせたならば、それは感謝です。

この間、全国保育研究大会が東京でありました。記念講演では青山学院大のエリザベス・J・クラーク先生が《国際化における日本人の課題》について講演されました。そのお話の中で、「北海道から沖縄まで日本ほど、どの地域に行っても世界各国の料理が食べられるから国際化された国と思えるけれど、本当に日本の人々は国際人といえますか？　また日本人がこだわる世間の「ウチ」と「ソト」という言葉に潜む区別は、イジメや差別を生む温床につながりかねません。「ウチ＝身内」も「ソト＝外人」も一緒になって、お互いを認め合って、共に歩むことが、国際人としての歩み方ではないか」と、話されました。

またネパールの無医村で公衆衛生・結核医療活動に従事した日本人医師岩村昇氏の言葉を引用されました。「世界の人口約30億。同じ宇宙船の乗組員です。みんな同じ乗組員です。お互いの宇宙船を大事に、大事にしましょう」と。岩村昇医師は数々の本を出されているので、こんな言葉をお聞きになった保護者の方もおられるかもしれませんが、地球を宇宙船に例えれば確かにみんな一つの船の中にいるのです。お互いに助け合わなければ地球は滅びます。同じ時間に日本の反対側で、困っているアジア、アフリカの子ども達がたくさんいます。この年末に、国際化とは何なのか、今一度、考えてみようと思います。そして、このことが戦争回避につながる一つの道でもあると思います。

１５０年も戦争のなかったスウェーデンでは、昔のものがしっかり残っており時代の流れに流されないよう国民一人一人が考え、国の政策を選んでいるとか、その一つに原子力発電所をなくしていこうということが決議され、そのためには今までよりも電気代がずっと高くつくことがあっても、あの事故の恐ろしさを考えると、より確かな道を選ぼうと言うことになったそうです。

子ども達にとって来る年がより良い年でありますように。

1月／1989

新年おめでとうございます。穏やかな一年のはじまりです。それぞれのご家庭ではいかがお過ごしでしたか。

１９８９年は、１月８日より年号が「平成」と変わりました。「昭和」は最も長く続いた元号であり、多くの国民が戦争の犠牲になった激動の「昭和」でした。戦争という過ちを再び繰り返さないように、新しい夜明けを自分たちの手で切り開いていきたいものです。そして子ども達の姿を見ていると、改めて平和を守り続けなければと思います。

そして新たな一年を、保護者の方々と共に、子ども達の成長のため、努力していきたいと思います。どうぞよろしくお願いいたします。

昭和という時代は、多くの国民が戦争の犠牲になった時代でありました。二度と戦争を起こさないために、そして子ども達の姿を見ていると、改めて平和でなければならない…と思います。

さて、昨年暮れの国会では、消費税に関する法案が通過し、今年4月1日より3％の消費税がスタートします。給料や年金は目減りするばかり、さまざまな負担増、物価の値上がりとも相まって、3％の消費税導入は生活にいっそう重くのしかかる税となっています。。それでも、子ども達の姿を見ていると、ほっとして和みます。そして平和でなければ…と思います。

○ピンク電話について

事務所に公衆用ピンク電話を設置しました。ファックスと併用するようになり、ファックスにピンク電話の電波の一部が入り込み電話が使えないことがわかりました。それで、公衆電話から普通の家庭電話に切り替えます（9日工事）。今まで通り、ご使用願って良いのですが、電話そのものが変わりますのでお知らせします。

○ソビエトへの保育研修旅行について

西七の創立20周年を前にして「世界・海外の保育を見たい」と言う職員の声もあり計画しました。お盆休みを利用すると言うことで、一年前よりソ連側と連絡を密に取りながら計画してきました。ところがゴルバチョフ第8代最高指導者の渡米や、ペレストロイカの浸透等でソ連への旅行者が増え、日程の変更を余儀なくされることになりました。従いまして8月12日〜19日の予定が、8月5日〜15日に変更となりました。保護者の中で参加を希望されている方は、他の園の方々の参加も若干あるので、話し合いながら進めたいと思います。

2月／1989

もうすぐ生活発表会。お楽しみに！

また5歳児は小学校入学目前。いよいよ一日入学が始まりました。これから始まる小学校生活に期待を膨らませていることでしょう。

西七では生活発表会に向けて、劇遊びの取り組みを進めています。歌やさまざまな楽器や太鼓の音が賑やかに聞こえてくる毎日です。生活発表会が、子ども達の一年の成長を確かめ合う場になるようにしたいと思います。各年齢で生まれた表現を、子ども達の体験や思いをとりいれながら、空想の世界に遊びながら、大切に作っていきたいと思います。子ども一人ひとりが、この機会に自分を発揮して、みんなの中では協力し共感し合う喜びを知ってもらえたらと思っています。今月の園だよりは、全クラスごとに綴じてあります。各クラスごとの様子を見てください。

先日、2月1日（水）夕方7時から、新一年生就学に向けての学習会を開きました。講師は、西七の元保護者でもあり、小学校教諭の高橋進八郎先生です。参加者は4、5歳児クラスの保護者の方と職員の30余名の出席があり、みなさん熱心に聴講されている様子でした。

内容は、「親として求められるものは、子どもへの見通しを持つこと。子どもの置かれている状況に応じて、手助けしてやること。気長に構えて見守ってやること。大変な時ほど早くは禁物、急かせず、のんびりしてやる」等でした。高橋進八郎先生のお人柄がにじみ出る学習会となりました。

3月／1989

春一番が吹き、日差しもすっかりやわらかくなってきました。

大喪の礼に際して開催した「天皇問題を考える」の講演会では、みなさまのご協力のおかげで150名の参加をいただき盛大に行われました。ありがとうございました。

昭和天皇は昭和64年1月7日に87歳をもって崩御され、昭和天皇の葬儀である「大喪の礼」が2月24日に執り行われました。テレビでは毎日天皇崩御のニュースを伝え、多くの国民がテレビに釘づけになり、日本全土は自粛ムードが広がり、わが町も静かでした。

亡くなった人に哀悼の意を表するのは、どこの家でも同じでしょうが、93億円もの税金を使って葬式をしなければならないのか…と、質素倹約を旨としてこられた昭和天皇ならば、それにふさわしい葬儀であってこそ、国民から慕われるのではないでしょうか。

テレビの中継を見ていて、まるで中世の絵巻物を見ているようだと思われた方も多いのでないでしょうか。また各国の政府要人らが会葬する機会を利用して展開する弔問外交も活発で、その裏の駆け引きはどうだったのでしょうか。日本は世界に誇れる経済大国と言われていますが、一人あたりの国内総生産（GDP）は下がり、給料も上がっていかなければ国民生活は苦しいわけです。私たち一般国民にとっては、4月からの消費税導入のおかげで、物価の便乗値上げにビクビク心配している毎日です。

さて西七に話をもどしましょう。生活発表会も終わり、どのクラスも進級に向けて準備に忙しい毎日です。ぞうさん組は、お別れ合宿を八瀬野外保育センターで行いました。お別れ合宿恒例の「肝試し」では、普段は泣き虫、弱虫だった子ども達が、勇気を振り絞って一人で立ち向かって行きました。

3月にモクレンの花が早咲きをはじめました。

一日一日の出来事を積み重ねながら、一年毎に成長し巣立っていく子ども達の姿を眺めながら、改めて一年の月日はあっと言う間のように感じます。

西七も今年、20年目を迎えます。子どもが育ち、保護者が育ち、そして職員も育てられる新たな歩みにつなげていきたいと思います。

4月／1990

卒園式に向けて一足早く咲いた桜も花冷えの日々が続き、４月10日になってもまだ咲き続ける珍しい春です。子ども達は新年度が始まって、部屋が変わって戸惑いがちなくまさん（３歳）。二階へ上がって得意気なかばさん（４歳）。いよいよ年長になったぞうさん（５歳）は、卒園した前のぞうさん達に負けないようにとがんばっている様子。みんな意気揚々と賑やかな毎日です。西七は今年で20周年、人に例えれば成人式を迎えます。

保育園も増設したり、ホールが建ったり、また職員も少しずつ変わってきました。保育内容も一歩一歩積み上げる中で、今日を迎えることができました。

入園の申し込みが始まり、いろいろ相談に来られる方々に、「誰からこの園のことを聞かれました？」とたずねると、在園中の保護者やＯＢの保護者の方々のお名前が出てきます。

この園が作られる時、地域の人々や働くお母さん達が手をつないで「西七条地区に保育園を！」という運動が起こって、京都市と交渉する中で開設することができました。西七が出来てからもいろいろ足りないものが多く、他の園に借りに行ってもらったり、バザーの収益で少しずつ買い足したり、その時々にも保護者のみなさんや地域の方々の力はありました。保護者、地域の方々と共に歩んできた西七の創立20年の歴史を大事にしながら、新しい年度に向けて保育を進めていきたいと思います。

5月／1990

園庭のバラが咲き匂う頃となりました。子ども達も日に日にクラスに慣れて、元気に過ごしています。20周年も間近に迫ってきました。20年前は赤く綺麗だった外壁もすっかり色あせてしまいました。特に後半の10年には、京都市の方で園舎の修理資金を補ってもらえなかった部分をいろいろ改築してきました。この度やっと20年の経年劣化に対して、京都市の方から外壁塗装、屋上の防水等と建物の維持管理をするための最低の予算枠を取ってくれました。幼児クラスの床の張替えや、ベランダの補修など、子どもの生活に直接に関わる場所への充分な補修まで手が届くかどうか分かりませんが、とりあえず予算枠が取れただけでもホッとしました。20年という歳月は、最初に卒園した園児の子どもを預かるということが、現実的になった20年です。いつまでも西七が子ども達の花園であるように、たゆまぬ努力を重ねていきたいと思います。

雨が少なく気候の良い5月は、戸外で遊ぶには最適な季節です。子ども達は土や砂や水や葉っぱに触れる遊びが大好きです。お母さん達には、泥んこ遊びで汚れた衣類の洗濯が増えて大変でしょう。けれども「自然に触れる遊び」は、子ども達の元気の素と考えて頂いて、どうかしばらくはお許しください。

先日、園の門前で、車上荒らしの盗難事件が数件発生しました。いずれも数分の間に車内からバックを盗り、現金を抜き取るという手口でした。他でも同様の事件が起こっているとの情報も入っています。警察では犯人逮捕に全力を挙げているということです。園の付近であやしい人（行ったり来たりうろうろしている。車を覗き込んでいる。車を開けようとしている等）を見かけましたら、すぐ事務所にお知らせください。１１０番いたします。よろしくお願いいたします。

6月／1990

日一日と日差しも強くなってきたこの頃では、子ども達は夢中で水遊びを楽しんでいます。

過日、20周年に際してみなさまにはいろいろとご協力いただき、また盛大裡に終えましたことをありがたくお礼申し上げます。「20周年をみんなでやろう」ということで、保護者会、ＯＢ会、そして園とで分担を決め取り組みました。子ども文化会館での取り組み、夜のパーティー、そして文集作り。それぞれが創意工夫を凝らして取り組みました。

予算も全くないところから出発し、バザーや夏祭りの大きな取り組みでは、パーティー券を買ってもらったり、みんなが持ちよりで協力したり、当日は、地域やご近所の方々もパーティーに御参加下さったり、新聞を見てイベントに足を運んで下さった方もあったり、大勢の方々の協力のおかげで大成功でした。おかげさまで西七の20周年に相応しい取り組みとなりました。今後は職員一同、心機一転、リフレッシュして保育に励んでいきたいと思います。どうぞよろしくお願いいたします。

また保護者会の中でも和太鼓サークル《西七っ鼓》に続いて、ソフトボールや、おやじバンドなど、いろいろなサークルが生まれつつあると聞きました。大人達が親睦を深めながら、しっかりと手をつなぐことは、保育環境を少しでも良くする運動につなぐための大切な要素です。子ども達の健やかな成長を見守りながら、共に運動を進めていきたいと思います。

7月＋8月／1990

男性的な梅雨のせいか、急に暑くなったり、雨が降ると涼しくなったりしてします。寝坊しないよう気をつけてください。

前回の園だよりでメーデーのことをお知らせしました。保護者の方から「出来れば、園の職員、保護者共に参加できるメーデーであればいいのですが。」「メーデーの意義をみんなで理解し、そしてお互いにスローガンを掲げて参加してみてはどうでしょう…。」というご意見を頂きました。また「メーデー参加の際、子どもを預けたい」等でお困りの方は、それに対応していくというようなことでした。

21世紀に向けて急激に世の中が変わろうとしていますが、何が変わろうとも、みんながより豊かに、より平等でなければならないと思います。その他のことでも、ご意見があればお寄せください。引き続き検討していきます。

9月／1990

今年は本当に暑い夏でした。おかげさまで合宿や夏祭りもよい天気に恵まれ、盛会裏に終わることができました。そしてもう一つの熱い夏は、1990年8月2日、突如イラクによるクウェート侵攻で湾岸戦争が開始されました。この戦争を日本から遠く離れた西の果ての話だと安閑としてはおられません。日本もアメリカから物心両面にわたる援助を要請されました。しかし、日本政府は法改正をして、もっと軍事的な援助ができるように企りたいといっています。ソ連のペレストロイカの政治改革や東ドイツのベルリンの壁崩壊に伴って世界は激変しつつあり、軍備も縮小され、平和憲法を持っていてよかったと思ったのもつかの間、中東では戦火が広がっています。もしも日本が戦争に巻き込まれたら、政府要人達は年齢も高く、自ら戦地の最前線に行くことはないでしょうが、若い人たちの命が戦争のために狙われるのです。「平和憲法を守り、自衛隊の海外派兵を許さない」と、みんなで力を合わせていきたいと思います。

9月8日(土)の研修会中間総括では、ご協力頂きありがとうございました。研修会では、指導計画に基づいてやってきたことが、現場の実態に合っていたか、子ども達の様子はどうだったか。また今年度の後半の保育に向けて、子ども一人ひとりの発達を出し合いながら討議しました。また、今年は保育所保育指針が25年ぶりに改訂され、保育のあり方が変わってくるので、それについての学習会も行いました。

今度の指針の改訂は、３歳児以上の保育内容において領域「環境」という視点が置かれ、時代の変化に伴い、あそび場と自然環境の減少によって多様な人間関係を体験する機会や直接体験の機会の不足に鑑みての改訂です。具体的に言うと、今までの指針では《子どものあるべき姿を明示して、それに向かって保育を進め、子どもの成長を合わせていく》が、改訂された指針では、《一人ひとりの個性を尊重し、保育者や両親を含めた大人が子ども達にどう接していくのか、環境をどう作っていくのか》ということがポイントのようです。もちろん保育所では集団で生活しているので、集団の中でお互いを刺激し合いながら切磋琢磨して育っていきます。けれど集団だけに目を向けるのではなく、個人を大切にと言っているようです。

厚生省から出た指針だから、その通り保育を進めるというのではなく、それを参考にしながら、今までの《子ども達がゆったりと安心して生活できる環境のためには何が大切か》という保育のあり方を検討しつつ、毎日の保育を進めていきたいと思います。

10月／１９９０

二度も近畿地方は台風に見舞われ、やっと秋らしいお天気になってきました。

西七の子ども達は、運動会に向けて張り切っていますが、９月半ばより雨が多く心配ですが、そろそろお天気も回復していくと思います。０歳児から5歳児まで、それぞれの年齢に応じた取り組みをしています。年齢発達以上のことをすると、ケガの原因にもなりますから子ども達の成長に見合った、もしくはちょっと努力すれば達成できるプログラムです。子ども達は喜んで参加しています。神輿《みこし》作りも大変ですが、親子のつながりの一つとして共に楽しんでいただけたらと思います。

先日、新聞社の方が来園されて、西七の保育について興味を示してくださり、いろいろ話をしました。その方は「この園はユニークですね！」と感想を述べられました。その方から見て、ユニークに見える西七条保育園のあり方ですが、私たちにとっては普通の保育活動をしているのであって、特別にユニークさをアピールしているわけではないのです。

私が子育てをしていた頃の昭和40年代は、毎日の生活を回すだけで精一杯でした。日曜日となると、洗濯、掃除で追い回され、子どもと遊ぶための時間はほとんどありませんでした。物資も今ほど多くなく、必要最低限のものがあればよく、それでも中流だと思っていた人もたくさんいました。けれどもオイルショック以後、日本の経済は発展し、豊かさが増してきました。ラジカセ、パソコン、テレビなど、他の国ではまだまだ子どもには縁遠いものが、日本では子ども達の玩具として出回っています。それが本当の豊かさなのかと疑問に思います。また物だけで心が満たされるのかと問いたくなります。

子どもとゆっくり向かい合い、子どもを囲んで家族が語り合う、時には自然を求めてハイキングに行く。テレビを見るより、日々の生活の中に自然とふれあう機会をもっと取り入れてみませんか？　子どもを中心に、大人も一緒に、歌を歌ったり、太鼓を叩いたり、スポーツに興じたり、そんな中で育っていく子どもは幸せだなあと思います。

西七には、「物がいっぱいなくても、心が豊かであることが子どもの成長には大切」と、そんな思いを持った人たちがたくさんおられます。ここが西七のユニークさだと思います。そして大人の輪の中で育ちあう子ども達の姿を、運動会を通して見ていただけたらと思います。

11月／1990

9月後半から10月前半にかけて、毎週土曜、日曜に雨が降りました。おかげでどの園も運動会の取り組みは大変だったようです。

西七も、20年にして初めて平日保育の中で運動会を挙行することになりました。運動会に参加される保護者の方々には、月曜日は休みが取りにくい方もあり、プログラムを一部変更し、時間によって親子競技を取り入れたりしたため、みんなが楽しみにしていたお神輿ができず、少々活気のない面もありました。運動会開催待ち三日目の、待ちに待った運動会だったせいか、子ども達は大変ハッスルして、よく頑張ってくれました。

運動会後のアンケートで、「一週間伸ばせないか？」また「平常保育と言いながら、できるだけ連れて帰ってほしいと言われた」とか…いろいろなご意見がありました。保護者の方々のご理解を得るために、若干補足させて頂きます。

一週間伸ばすと、一週間子どもに重荷を背負わすことになります。一週間という見通しが子ども達には理解しにくい。毎日毎日運動会のことを話しながら、進めなければならないのと、一週間後に必ずお天気という保証もありません。過去に三週間目にやっと運動会ができたという年もあり、本当に落ちつかない日々を過ごし、子ども達にはしんどい思いさせてしまいました。今までも順延はありましたが、雨が二日続くというのは今年が初めてでした。

また平日保育の中で運動会を挙行しプログラム変更をしたのは、保護者の方が月曜日は土曜日と違って休みが取りにくいところもあり、運動会終了後、保護者と帰った子ども達は家庭でゆっくり落ち着けるように、またお休みが取れず参加できなかった保護者の子ども達には、ゆったり保育園で過ごしてもらえるように…という子ども達への配慮からです。月曜日でも、土曜日や日曜日と同じプログラムで、「神輿」も中止しないで全部した方が良かったのでは…という意見もありました。

来年はもう一度よく考えてみたいと思います。個々のクラスのご意見については、またクラス毎に話し合っていきたいと思います。

12月／1990

先日は季節外れの台風に見舞われ、お仕事中に急にお迎えに来て頂くことになり、また出張に出ておられる方もあったり、同じ職場でも病院等で棟が違うと連絡が取りにくかったり、いろいろな事情で緊急連絡を取ることとの大変さを経験しました。園の方も大わらわでした。

今回のような台風で急を要する連絡に関して、保育課からも「重大な状況になる前に迅速にお迎えに来ていただくように」という連絡がありました。日常的には予期しない突発的な事象や自然災害への対策は、その時ではなく、日ごろからの備えが大切です。今回の緊急連絡での経験からクラス別の連絡網だけではなく、職場を中心とした昼間の連絡網も必要だと考えております。

台風のようにあらかじめ進路が予想される場合、今回も保護者の方から、「その頃は出張しているかもしれないから」と早目に連絡を頂いた方もあり大事には至りませんでしたが、日が暮れてきて風が強くなり、夕方になってあたりが暗くなってくると、子ども達は大変不安になります。後あと心の底に恐怖感だけが残り、「保育園に行くのがイヤ…」ということになっても困ります。そんなことも考えてご連絡しました。

さて師走に入りましたが、穏やかな暖かい日が続いています。12月は製作展です。今、子ども達は作品作りに熱中しております。哲学者カントが「手は外部の脳である。指は第二の脳である」

と語ったそうですが、手足の指先感覚刺激が脳の発達を促してくれるのです。0歳の小さな子どもでも、その年齢にあった創作活動をし、その一端を保護者の方に見ていただく機会になればと思います。親子制作にもご協力ください。子ども達の作品を見ていただき、製作についての説明を子どもから聞いていただきたいと思います。そして手作りおやつを用意していますから、子どもと一緒におやつを食べてもらいたいと思います。

またお忙しい12月ですが、保護者のみなさまには、バザーや園庭整備などいろいろ協力して頂きありがとうございます。

1月／1991

新年おめでとうございます。激動の年1990年もイラク・クウェートの領土問題を残したまま、年を越してしまいました。ソ連が社会主義体制から大統領制になり、東西ドイツが統一し、もうこれで平和な世界が来るのかと思っていたら、イラクのクウェート侵略など新たな戦争が引き起こされつつあります。

「女性は海外派兵を許しません」というポスターが、茨城の女性グループで作られたという新聞記事を見ました。「生命を生み出す母親は、生命を育て、命を守ることを望みます」という母親大会のスローガンと共に、今こそを大きくアピールしたいと思います。また「教え子を再び戦場に送るな」と決意された教職員組合の方々の言葉も併せ、私たち保育者も深く噛みしめたいと思います。

ともあれ新年は、子ども達にとってこの上なく嬉しいものです。今年は登園日を1日ずらし、子ども達も一週間ご家庭でゆったりと過ごせたせいか、新春早々の子ども達の出席数もよく、元気に登園してくれました。また一週間ぶりに見る子ども達の姿は、なんだか急にひとまわり大きくなったように思えました。今年も事故もなく、明るく、楽しい園生活が送れるように努力していきたいと思います。

創立20年を機に、京都市の方で建物の補修をしていただく話がようやくまとまりました。園の方で補修する分と、市の方で補修する分と引き続いた長い工事になるので、期間は1月中旬（10日）より3月末までと思います。

そんな関係で、給食参観は1月下旬にしたいと考えていましたが、一部保育室の移動もあるため、たくさんの方に集まっていただくことは無理ではないかという結果になりました。どうしてもご覧になりたい方、また給食のことで質問等がある方は、その都度、事務所までご連絡ください。子どもの給食の様子や保育の様子等、また要望については、その都度クラス担任に聞いて頂きたいと思います。本年もどうぞよろしくお願いいたします。

2月／1991

1月16日を境に、イラク対多国籍軍の戦争が始まりました。ミサイルの撃ち合いのテレビ映像を見て、まるで花火みたいだと戦争の実感を持たなかった人々も、石油の海と化した波打ち際に、全身石油まみれの水鳥の映像には、真に迫る危機感を感じた方も多かったのではないでしょうか。「どんなことがあっても、戦争だけは反対！　力の解決ではなく、話し合いで解決を！」そんな声を大きくしていきたいと思います。

先月号でお知らせしましたように、補修工事が始まりました。4歳児、5歳児の部屋を急遽移動し、なんとか工夫して、それぞれの部屋での生活ができるようになってきました。

2月の大きな行事、生活発表会を控えています。今、子ども達は一生懸命です。遊びの中でお話を作り、想像し、劇あそびへと発展させています。本番で発表する時、みんなの前で恥ずかしがらずに、大きな声を出そうと思っていても、当日のちょっとしたきっかけで思うように出来なかったり、緊張からちょっとしたことで喧嘩になったり、泣いてしまったりと…当日にはいろいろハプニングもあるかもしれません。どうぞ日常の保育の一環として、あたたかいまなざしでご覧いただけたらと思います。

年表B　1994年（平成6年）から1996年（平成8年）の出来事

1994年（平成6年）出来事 ■細川首相が消費税を廃止して「国民福祉税」を新設（2月3日） ■ノルウェーでリレハンメルオリンピック開催（2月12日～27日） ■「子どもの権利条約」日本は世界で158番目の批准国となる（4月22日） ■オウム真理教による松本サリン事件発生（6月27日） ■日本人初の女性宇宙飛行士・向井千秋／スペースシャトルが打ち上げ（7月8日） ■北海道東方沖地震発生（10月4日） ■大江健三郎、ノーベル文学賞受賞。文化勲章は辞退（10月13日） ■新エンゼルプラン10ヵ年計画（12月19日） ■三陸はるか沖地震発生（12月28日） ■1973年以来21年ぶりに出生数が大幅に増加（12月31日）
1995年（平成7年）出来事 ■阪神・淡路大震災（1月17日）

■オウム真理教によって公証人役場事務長逮捕監禁致死事件発生（2月28日）
■地下鉄サリン事件（3月20日）
■警察庁長官狙撃事件発生（3月30日）
■青島幸男東京都知事が選挙公約通り世界都市博覧会を中止決定（5月31日）
■フランス、南太平洋で核実験強行（9月5日）
■オウム真理教による坂本堤弁護士一家殺害事件（9月5日）
■東京地裁、オウム真理教に解散命令（10月30日）
■新潟県上越市の中学1年生が、いじめを苦に自殺（11月27日）
■千葉県香取郡の町立中学2年の女子生徒が、いじめを苦に自殺（12月6日）

1996年（平成8年）出来事

■菅直人厚相、薬害エイズ事件で血友病患者に直接謝罪（2月16日）
■薬害エイズ裁判でミドリ十字が責任認めて謝罪（3月14日）
■「らい予防法の廃止に関する法律」が施行（4月1日）
■O-157大流行／大阪府堺市の小学校と養護学校で集団食中毒が発生（7月12日）
■アトランタオリンピック開催（7月20日～8月4日）

4月／1994

寒さの厳しかった冬。春の訪れも遅く、桜の開花が待ち遠しい毎日でしたが、4月に入ってパッと咲きました。「パッと咲いて、パッと散る」今年の桜は散りぎわが潔よく、早くも花吹雪に見舞われています。舞い散る花びらの下で遊ぶ子ども達。平和の春のひとときでもあります。

今年は桓武天皇によって京都に遷都がなされて以来、１２００年です。あちこちでイベントが開催されています。梅小路公園は、旧国鉄梅小路駅貨物跡地に整備された下京で唯一の大型公園です。それに先だち9月23日～11月10日まで平安建都１２００年記念事業として「第11回全国都市緑化きょうとフェア」が開催されます。前売り券として発行される緑のパスポートは、協賛業者による割引や特別セールを受けられる特典があります。申し込み用紙を配布しますので、ご希望の方は申し込んでください。

また暖かくなって、世の中の人々が花に戯れている頃、総理官邸では記者会見が行われ、細川総理の辞任が告げられました。国民生活に必要な次年度予算の審議も十分に行われないまま、次に引き継がれることの無責任さを痛感いたします。この一年、消費税の見直しや保育制度の改革、小選挙区別の改革など自民党でさえできなかったことを着々とやられ、目まぐるしい動きに保育園もどうなるかと心配しましたが、今まで通りの保育園のあり方で落ち着くのでしょうか…。

一方、子ども達は新しいクラスに移って、新しく入ってきたお友達と一緒に生活し始めました。まだどのクラスも新しいことに緊張気味で、お利口さんでいる子達が多いようです。今年は受け入れ人数に比べて、1歳児の希望が多く、いつも20名のクラスが22名になってしまいました。子どもが増えて大人も多くなれば、数字の上では同じと言えますが、これ以上広くならない保育室では大変です。絵本の部屋を使ったり、部屋を二つに分けたり、工夫しながら保育を進めていきたいと思います。

内閣の交代等でお米の問題もちょっと途切れているようですが、今、当園では国産5、外米5の主食になっています。どうしてもパサパサしがちな外米をどのように炊くのか。また国産米を少しでも確保するために努力を重ねています。この一年よろしくお願いいたします。

5月／1994

「遊びをせんとや生れけむ、戯れせんとや生れけん、
遊ぶ子供の声きけば、我が身さえこそ動《ゆる》がるれ」
平安時代末期に編まれた歌謡集『梁塵秘抄《りょうじんひしょう》』より

遊びをしようとこの世に生まれてきたのだろうか…という問いかけには、何のために生まれてきたのかわからない、という純粋な疑問と、いいやそうじゃないはずだ、という複雑な反語とが、

微妙に混ざっています。

連休明けで園に帰ってきた子ども達の遊ぶ姿を見ていると、こんな言葉を思い出しました。子どもの心に野心はない、誰に対しても平等で、いたわる心も十分持っている。時には喧嘩もするけれど、それは悪に対して立ち向かう心の発端でもあろうかと思います。

それに比べて大人の心はなぜこんなに醜いのか？ 法務大臣（永野茂門）ともあろう人が、「南京大虐殺はでっち上げ、大東亜戦争は侵略ではない」と発言し、アジアの諸国より猛反発を食らいました。前首相細川氏でさえ、大東亜戦争（太平洋戦争）は侵略戦争であり、多くの国の人々に迷惑をかけて申し訳ないと頭を下げているのに…。結果的には世論に押されて永野法務大臣は謝罪し、就任から僅か10日で引責辞任しました。しかしまだまだ大東亜戦争を賛美し、日本が世界を制覇することを夢見ている人々も少なくないという感じを強くしました。

ドイツではナチの犯罪を厳しく追及しているという印象があります。それに比べて日本人は「喉元過ぎれば、熱さを忘れる」で、今、平和であれば良い。日本は何も悪いことはしていないと、開き直ってしまう甘さがあるようです。法務大臣が代わったことで、今度は政治が安泰かといえば、ほとんどの人がノーと言うでしょう。与党より野党の方が多いわけですから、今度は保育制度で改悪をしたり、福祉税という名のもとに消費税を増やしたりしないでください。みんなでそのことを見極めていきたいと思っています。

今年の5月は例年に比べて暑い日々が続きます。元気に泳ぐ鯉のぼり、綺麗な空気を吸って腹の中には何事もない鯉のぼりのような議員に、政治を行ってほしいと思うところです。

7月＋8月／1994

昨年の夏の分まで取り戻そうとしているのか、暑い日が続きます。今年は、プール開きも例年より少し早めになりました。暑い夏には、水遊びが一番といったところでしょうか。子どもたちも大変嬉しそうです。

この暑さをさらに熱くさせるのが、昨今の京都市行政、地下鉄赤字の問題です。建都１２００年で一年中、市内のあちこちが「祭」気分でいろいろな行事が計画されています。しかし地下鉄赤字の話を聞けば、祭気分も吹っ飛んでしまいます。

保育所を運営することは公金を扱うことであり、一円たりとも不明な使途があってはなりません。毎年、監査もあります。それなのに「２４５０億の予算が４７１０億になりました。市民一人15万円出して頂いたら、済みますのでご協力ください」と言われて、簡単に済むものでしょうか。京都市はどんなおつもりでおられるのですか？　赤字再建団体に陥って、保育園が１３０億円を削られ、国並の条件になれば、職員も今の半分ぐらいになります。職員の数が減れば、子ども達はゆったりと職員に甘えられる余裕もなく、職員は右へ左へ走り回らなければなりません。

なぜこんなことになったのか原因を明らかにしてほしいと思います。

こんなことを考えているとカッカッして、ますます暑くなります!!水でも浴びて頭を冷やして、子どもたちと遊ぶとホッとします。暑さで体を壊さないように食べ物にも十分注意しましょう。

9月／1994

雨の降る日を毎日待つという今日この頃です。

夏まつりでは、たくさんの方々のご協力ありがとうございました。晴天が続き、お天気の心配はあまりなかったものの、暑さのため食中毒の心配があり、食べ物を扱うところでは通常以上の注意と心遣いがあったようです。でもお蔭様で何事も起こらず、例年通り「夏まつり」は、みんなの熱意と力が一つになったおかげで成功させることができました。本当にありがとうございました。

この暑い夏をより暑くする話といえば、保育制度の問題です。すでにご存知の方もたくさんいると思いますが、昨年、厚生省から出された保育制度の改正案は、プロジェクトの中で討議された結果、それを優先的に実行するということにはならず、措置制度を維持しながら、今までの問題点を変えていく、二つが明記されることで終わりました。

その後、内閣も代わり、総理大臣も社会党から出るという時代の変わり目をみましたが、厚生省の方では、そう簡単に前年度に出した案を引っ込めることはなく、出来ればその案に沿って、保育のあり方を変えていこうとしています。8月22日に出された新しい案の基本方針の一つは、親の多様な保育要求に積極的に応えていく一時間延長など…と、二つ目には、保育所同士が競争して、保育サービスを実施していくよう、今の措置制度をやめて、保育所自身で子どもを集めるというものです。物を売る場合、同じものなら少しでも安い店に人が集まるということですが、《保育をする》ということは、子どもへの「言葉かけ」一つとっても、それぞれの園によって、目の前の子どもに対応しながら、創意工夫をしているわけです。同じことをしているところはありません。少しずつみんな違います。保育時間が同じ、給食もあるからというだけでは、同じとはいえません。比べられないのです。だから、どちらが安いとか高いとかいえません。時間の長いことが良いサービスともいえません。なぜなら、子どもに対し、規則で管理しているだけで、愛情は伝わるはずもありません。

義務教育が無償で国の事業として行われているのはなぜですか？　その前の段階の年齢の低い子ども達にはなおさら手厚く、国の費用で発達を保障し、保護者の働く環境を保障するのが、国の政治ではないでしょうか？

暑い夏もまだまだ終わりそうにありません。いろいろな運動をする中で、みんなで世の中を支えるしかありませんね。

10月／1994

台風に続いて、秋の日本列島は地震と災害に見舞われています。被災された方々には心よりお見舞い申し上げます。

当園では、秋晴れの中、子ども達は運動会の練習で走りまわっています。過日の台風では、ご協力ありがとうございました。警報が早く出たわりに台風の通過が夜になり「保育も出来ないことはない」と、お考えになった方もおられるかと思います。けれど警報が出るということは、どんなところで、どんな風が吹くか分からない。一陣の突風で家がひっくりかえることもあり得ます。そういった予防や対策、被害想定を考えて、警報が出たら、その時点で休園にするということになりました。

10月に入って、運動会や遠足など行事も重なり合っています。また子ども達もこの時とばかり走ったり跳んだり、縄跳びしたり、充分に体を動かすようになります。よく遊び、よく食べ、よく眠る、その中で子どもはすくすく育っていくのだと思います。

西七条保育所ができて25年、「昔に比べて、子どもの様子は変わっていませんか?」とよく聞かれます。当園では、昔も今も保育方針が全く変わるということはありませんので、「よく遊び、よく食べ、よく眠る」という基本的な生活習慣を重点に置きながら、毎日過ごしています。

けれどもこの頃は、食物アレルギーを持つ子どもが、昔に比べて増えてきました。出生率の低下が示すように、一人っ子の子どもも増えてきました。どうしても可愛がりすぎて、大事に大事に箱庭の中で過ごすような事になりかねません。

テレビやコンピューターゲームの普及や浸透により、身体を動かさずに一人だけで遊ぶこともあります。けれども昔から言われているように《人は人の中で育つもの》なのです。一人でテレビと向かい合っているだけでは、人の心がわかる人間には育ちません。運動会を例にあげれば、一緒に走ったりして、競争したりする中で、遅れたら待ってあげるとか、手を引いて走ってあげるとか、相手をいたわる気持ちを育てるには、集団の中で人と人との関わり合いの経験の積み重ねが大切なのではないでしょうか。

今年の運動会で、大きくなった子ども達の姿を見ていただくと同時に、みんなと一緒に参加する喜び、お互いが助け合ったりする時の交流の場面など、子ども達の身体の成長と併せて、心も育っているところを、ていねいに見てほしいと思います。

11月／1994

11月に入っても、紅葉の色づきは今ひとつといった感じですが、暖かい日が一日でも多い方が、子ども達にとっては、外遊びが出来て、身体にも良いですね。

10月は、運動会や遠足など行事が多く、子ども達には楽しい月ですが、お仕事を休んで参加いただく保護者のみなさまには、ご協力ありがとうございます。一日一日成長していく子ども達の姿を、運動会の取り組みを通してご覧いただけたのではないかと思います。

みなさまからのアンケートには、「0歳児～6歳児までの発達段階がよくわかった」「保育者、保護者、近所の人々、OBの方達の協力もあってこその運動会なんだということを実感した」「一人ひとりを大切に！　そしてみんなで協力した運動会はとても良かった」等々、うれしいご意見もいただきありがとうございます。その中には、あひる組の観覧席の移動で若干ゴタゴタした等のご意見もありました。至らなかった点は来年に向けて検討・改善していきたいと思います。

いよいよ来年（1995年）4月から、毎月の第2土曜日及び第4土曜日を休業日とする月2回の学校週5日制が導入されるようです。そういったことが今後、どう影響するか分かりませんが、3歳、4歳の幼児をもっておられる家庭に、塾勧誘の電話が入っているそうです。「今のままだと学校の勉強についていけません」「小さい時から塾に入れないとダメですよ」という勧誘に対して、不安になったご父兄の方から「子どもがイヤでも無理に入れとかないと親は心配です」という電話の相談がありました。

幼児期には、子どもは親の愛情をたっぷり受け取って、親は子どもを信じ、子どもの要求に応えていく。そんな相互の関係が何よりも大切。子どもはそんな環境の中で育っていくのだと思います。まずは身体がしっかり育つように、そして物をよく見て、周りをよく見て、考えて、判断していく。そういった生活の知恵をつけていけば、おのずと学力も備わっていくのではないでしょうか。

また子どもの立場になって考えてみると、昼間は長い時間保育園で過ごして、夜はやっと親子で触れ合えるゆったりとした時間を過ごせるはずが、お稽古や塾に通うようになると、また違う集団に入って力を発揮しなければならないでしょう。これは子どもにとって大変酷なことだと思います。

一人ひとりが心豊かに育っていれば、鉄棒やうんてい等の運動遊びの中でも、子ども自身の中から挑戦する勇気と力が湧いてきます。理屈だけでは、子どもは動きません。勇気と力の出る原動力を親と子の関係の中でつくっていってほしいと思います。

西七の子ども達は、どの子も愛情豊かに育っていると確信しています。だから運動会での取り組みも立派にやってくれたのだと思います。

12月／1994

師走に入りました。なんとなくあわただしい毎日です。園庭の紅葉が木枯らしで、すべて散ってしまいそうです。名残惜しみつつ、楽しい時間はあっという間に過ぎてしまうものだと、今年一年を重ねて眺めています。

昨年の暮れには、保育改革案が厚生省や検討委員会から出され、いきなり入所自由化、年収500万円以上の世帯は園と直接交渉するなどと、思いもよらぬ施策案が出され、保育界はてんやわんやでした。

年が明けてからも、いろいろと反対する運動が続き、やっと検討委員会では、即時自由化という意見と、もっとよく考えて今の措置費制度も維持しながら、若干の改革も必要という両理論が併記され、一応の決着がつきました。その後、春の人事異動では、自由化を強く求める課長が残り、他の人は異動になったということです。

今年は「エンゼルプラン」プレリュードということで、次のステップが明示されていますが、細かいところまで未だ出ていません。昨年のような出し方はしないだろうが、今度出れば、絶対に引っ込めない案ではないかとも言われていますし、あちこちで幅広い運動が展開されつつありますが、いずれにしても本当に子どもの立場を理解し、子どもの側に立った改革を進めてほしいと切に思います。長時間、働かざるを得ない保護者もおられ、いろいろなコースが選べるエンゼルプランを支持される方もあるでしょう。しかしなによりも親と子の絆が切れないような制度であってほしいと思います。

12月は製作展があります。日頃、子ども達が遊びの中で体験したことを、いろいろなものを使って表現していきます。またいろいろなものを作る喜びも味わってほしいと思います。ものを作るには、努力が必要です。過度の努力や緊張を子どもに強いることは別として、その年齢にあった、その子ども一人ひとりにあったものを作っていくことは、必要なことだと思います。そのためのサポート役として、保育者は子どもの自発的な力を援助することに心掛けています。

製作展のお越しをお待ちしております。

1月／1995

明けましておめでとうございます。

暮れからひっきりなしに起こる地震のせいか、新年といっても、パッとしない年の始まりになりました。地震は、北海道、東北だけでなく、日本中が余震に見舞われているようです。

政界もその余波を受けてか、社会党分裂、新党結成など、凸凹の激しい揺れも混じって動いています。保育界でも、子育て支援政策と称して、駅型保育所や病児保育所、一時預かり保育所を作る計画がどんどん打ち出されています。例えば「駅型保育所」について考えると、駅に子どもを預けて働きに出る…は、一見手軽に通勤電車に乗れて便利と思われますが、預けられた子どもはどうなるのでしょうか？　保育室は駅の2階の一室で、預けられた子ども達は一日中その部屋でじっとしてさえいればいいというものでしょうか？　子どもには、土と太陽と緑が最も大切であるということを忘れられているようです。子どもを「小荷物と間違えないで!!」と、大きな声で叫んでみたくなりました。

わが国は昨年（1994年）やっと「子どもの権利条約」が批准され、子ども達にとって最良の環境を保障するという中身を期待できるようになったのに、小荷物同然の扱いをされたのでは、浮かぶ瀬もありません。心豊かに友達と語り、同じ仲間同士が助け合って生きていく。そんな人に育ってほしいと思えば、おのずと子どもが育つ環境は、大人が保障していかねばなりません。働いている私たちは税金を払って、未来を担う子ども達の為になるような政治をしてほしいと、代議士の先生に一票を託しているのに、大人のことだけを考える政治はしてほしくありません。今年は4月に地方議会選挙が、そして6月には参議院議員選挙があり、場合によっては、衆参同時選挙が行われるかもしれません。

見通しを立てづらく、混沌とした時代であっても、子ども達は健やかに育ってほしいものです。そのためには、大人達が子ども達の後ろ盾となって、子ども達ののびのびできる環境を確保していきたいと思います。今年もよろしくお願いいたします。

2月／1995

年明けの正月には、思いもよらない大震災が神戸を中心に起こりました。あちこちに火の手が上がり、消すべくもなく、震災の惨事を報道するテレビの前で、ただただ見守るしか術がありません。被災された多くの方々にお見舞い申し上げます。同時に、復興に際しては、みんなで力を合わせ、出来る限りの協力をしていきたいです。

震災に際しては、京都市内でも家が倒れこそしなかったものの、本箱が倒れたり、水屋の中の食器類が飛び出して家の中にガラスや陶器が飛び散り、怖い思いをされた方もいたようです。この震災が他人ごとではないと強く思う次第です。

この度の大震災に際して、各保育園で義捐金を集めようということになり、いろいろな所から要請があるかもしれませんが、連盟を通じて一本化して集めることになりました。当園としても協力することになり、2月5日現在で、97873円集まりました。ご協力ありがとうございました。連盟全体では1700万円ほどになりそうです。被災地の保育園関係の方々に、神戸市の民生局を通して直接渡せたらと、京都市保育課でも連絡を取ってもらっています。神戸市内の保育園、公私合わせて158ヶ所（民間77）のうち、全壊5園、半壊12園と聞いております。職員や子ども達の中にも、犠牲者があったようです。この災害に対し、我々民間サイドでは力の及ばないこともたくさんありますが、力強い政府の対応に期待すると共に、そういった働きかけをもっとしていかなければならないと思っています。

阪神・淡路大震災の状況下ではありますが、私たちの生活はそれなりに続いています。子ども達も心待ちにしている生活発表会が2月にあります。その年度の最後の大きな行事でもあります。日頃やってきたことを、保護者の方々に見て頂く取り組みですが、見に来られた方々には子ども達と一緒に楽しんでいただけるように、劇などの発表のしかたに工夫を凝らしています。

乳児期には「見立て、つもり」を十分に取り入れて、想像力豊かにお話を面白く発展させていきます。たくさんの言葉を学び、よく理解して、自分で言葉を使いこなせるようになると、抽象的な思考もできるようになっていきます。大人の話し言葉を見よう見まねで覚えることも小さい時には大事なことです。覚えたものを自分の中で消化し、自分の言葉としておしゃべりできることがその次に大切なことです。だから子どもの話をよく聞いてあげてほしいと思います。一方的に大人が子どもに話しかけるのではなく、子どもの言葉一つひとつにていねいに耳を傾け、何が言いたいのか、真剣に聞いてあげることで、子どもも話し上手になります。

生活発表会では、表向きの姿だけをビデオ撮影で追っかけるのではなく、幅広く舞台全体を見て、子どもの内面の成長も発見してください。よろしくお願いいたします。

3月／1995

3月に入り、桃の節句も過ぎたというのに、空気の冷たい日が続きます。

今月6日は、阪神大震災発生から49日目です。あちこちのお寺では鎮魂の鐘が響き法要が営まれました。亡くなられた多くの方々のご冥福をお祈りします。また今なお被災地で過ごされる方にお見舞い申し上げます。生と死を一瞬にして分けたこの災害に対して、私たちは自然（災害）に対して、常に謙虚に学ぶ姿勢を忘れてはならないと思いましたし、日々の生活に対して、一日一日を悔いなく過ごせるように生きていきたいと反省するところです。

３月は卒園する子ども達ともお別れの時です。生活発表会でも、いろいろと大きくなった子ども達の姿を見ていただけたらと思います。一日一日の積み重ねが、一年の成長の節目として振り返ってみると、その姿が見えてきます。「昨年はみんなの前で少しも話せなかったけれど、今年は大きな声であいさつができた」「みんなの前で泣かないで大きな声で返事ができた」「リズム楽器を使った表現も、歌も昨年より上手くできるようになった」とか…。同じ年齢でも、一人ひとりの成長に違いがあります。昨年のことを思い浮かべながら考えていただくと、子どもの発達がよく見えてくるでしょう。

小学校へ上がる子ども達にとっては、一段と違った生活が待っているということで、今は、期待と不安が入り交じっているかもしれません。「小学校ってどんなところ？」と、不安が過剰にならないように配慮することも大切ですが、しっかりと「構え」を持っていくことも大事ではないかと思います。

年度末の春休みには、園舎北側のサッシの一部を、アルミに取り替える工事を行います。工事期間に園が使用できず、ご迷惑をおかけするかもしれませんが、よろしくお願いいたします。

４月／１９９５

園庭の桜は、例年よりやや遅い開花となりました。新年度が始まり一週間、子ども達も部屋を間違えることなく、やっと落ち着いてきました。

阪神・淡路大震災から74日ぶりの４月１日、大阪から神戸までＪＲが開通し、所用があって神戸に出かけた折、三宮の駅に降りたとたん、あちこちから工事の騒音が響き、ほこりが飛び交っていて、くしゃみが止まりませんでした。大通りに面した店は、１日も早い開店を目指して忙しそうに人々が働いていましたが、ちょっと奥に入ると、地震で傾いた家、壊れた家屋がそのまま放置状態で、被害の大きさを実感しました。けれども神戸の人たちは、「いつまでも悲しみに浸ってはいられない」と立ち上がり、春の来るのと一緒に衣を脱ぎ替えて、明るくやっていこうと決意されているようで、町にも明るさが戻りつつあります。

そんなさなか、また世の中を賑わしているのがサリンとオウム関連の事件です。ひと息吸ったら死んでしまう猛毒サリンが地下鉄内に放置されたり、治安を守る警察の最高責任者である警察庁長官が銃撃されたり、日本列島はいったいどうなっているのか、大きな戦争がなくなっても、なかなか平和は戻って来ません。

春休みのご協力いろいろありがとうございました。北側の部屋のアルミサッシもきれいになり、窓の開閉がスムーズになりました。京都市からの援助もなく、園の中でのやりくりなので経済的には大変です。その他の出費に気をつけながらやっていきたいと思います。バザーでの協力もよろしくお願いいいたします。

春休みの研修会で、「保護者の方々の保育参加を取り入れていこう」ということを話し合いました。保育参観として外側から見ていただく行事的なものは、給食参観、運動会、生活発表会、製作展などがあるのですが、子どもたちと一日一緒に生活していただく機会はありませんでした。月齢によっては、親の顔を見て泣くお子さんもおられるかもしれませんが、そのクラスの子ども達がどんな生活をしているのか見ていただければ、月齢による発達、食事面での大切なこと、その他いろいろわかっていただけることも多いかと思います。

強制ではありませんので、仕事の段取りをつけていただいて、共に過ごす日をつくっていただければ、子ども達も喜ぶのではないかと思います。

5月／1995

若葉の美しい季節となりました。バラも次々と美しい花を咲かせてくれます。みなさまにはゴールデンウィークは、いかがお過ごしでしたか？　あまり良いお天気とはいえませんでしたが、田舎に行ったり、桂川や植物園、動物園に行ったりと、各ご家庭においては、子どものペースに合わせてゆっくり、楽しく過ごされたのではないでしょうか。子ども達は五月病なんてなんのその、元気に登園しています。園庭には、手作りの鯉のぼりが泳ぎ、子ども達の日常には地震やサリン事件の翳は見えずに、平和な日常を送っています。子ども達の歓声と共に、この平和がいつまでも続きますようにと願わずにはいられません。

さて、今年も、保護者と一緒にメーデーが取り組まれました。ご協力ありがとうございました。また、おかげさまで園舎の補修も終えました。ひよこ組の横のトイレのすのこをやっと取り替えました。床みがきも終りました。そして今年度から「保育参加」を呼びかけていますが、4月早々、4・5歳児クラスで4名の方が、お父さん先生、お母さん先生になってくれました。選出は誕生月の子どもの親となっていますが、月が前後しても構いません。いつでも保育に参加してください。参加された方からは、「園の様子がよくわかった」とか「家でも、こんなふうにしてみようと思った」とか感想を寄せてもらっています。くたくたになりながらも、子どもと一日過ごしていただいて、こちらも本当に嬉しく思います。子どもにとっても良い思い出となることでしょう。

もうすぐ親子遠足です。5月13日（第二土曜日）です。家族揃って自然に恵まれた広い畑で、いちご狩りを楽しんでもらえればと思います。また、6月10日（第二土曜日）は、園の創立25周年の記念行事があります。午前中は、園で「ほいくえんの誕生会」をしたり、午後は、御所の近くのアルティで、劇団風の子の『エトセトラ』を観劇します。親子共々ご参加ください。
25年の歴史の上に、新しい園づくりができますように、たくさんの方々と祝う会を持ちたいと思います。お誘いあわせの上、是非ご参加くださいますように。

6月／1995

１９９５年５月31日、青島幸男東京都知事は、翌年３月から開催する予定だった世界都市博覧会を取りやめることを最終決断しました。世界都市博の推進を決めた東京都議会の反対にもめげず、一ヵ月余りの苦悩の末、その決定を翻し公約実現を貫きました。東京都民も久々に都民の声を聞き届けてくれた政治家の出現に、ホッとしていることでしょう。

西七条保育所ができた25年前の１９７０年は、東京をはじめ、横浜、名古屋、大阪、神戸、京都市の、高度経済成長を支えた太平洋ベルト地帯の大都市に「革新自治体の時代」と評された革新自治体が生まれました。そして市民の要求にできるだけ応えようという政治が行われていたのです。けれども１９７３年（昭和48年）に日本を襲ったオイルショックで、日本経済は大きな打撃を受けました。しかしこの時代の日本は素早く立ち上り、一足飛びにのし上がり、ＧＤＰ（国内総生産）はアメリカに次ぐ世界第2位の経済大国となりました。そうした上回る好景気の中で、いつしか革新自治体も少なくなり、今は「革新」とか「保守」とかあまりいわなくなって、保守と革新といわれる政党の中でも分裂したり統合したり…。また今の自由民主党・日本社会党・新党さきがけによる連立政権は、ほとんどが保守で占められて、多数を握った人々で政治が動いているようで、政治に無関心の人々も増えてきました。

今年は戦後50年ですが、50年前の１９４５年8月15日に終戦を迎え、それからの日本は立て直しのために大変な時代でした。衣食住も満足に与えられず、国民はひたすら働いたものです。だからこそあの時代は労働争議も多かったのだと思います。

その時代の中で大人になり、結婚し子どもを育ててきた私から見れば今の生活は夢のようです。欲しいものは何でも手に入る、世界中どこへでも行ける、平和で豊かであることのありがたさを身に染みて感じています。

けれど平和に思える今の時代に育つ子どもの様子に、ちょっと不安を感じることがあります。抵抗力が弱い子どもは蚊に刺されるとすぐに皮膚が赤く腫れあがる、だから夏は窓を閉めてクーラーをつける。冬は一日中暖房をつけて外へ出ない、そんな中で育つとさらに肌が弱く、抵抗力も弱く、過保護もいかがなものかと思うのです。そんなことではたくましい元気な子どもとは、程遠い子どもが育っていきます。もしも、今、阪神やサハリンで起こったような地震が京都でも起きたらどうなるでしょう？　被災して何日もテントで生活することを強いられたらどうしますか？　テントの中は昼間は砂漠のように暑く、夜は北極のように寒いといわれています。私達は豊かさに甘えすぎてはいないでしょうか？　人のことなどどうでも良い、自分だけ良ければいいと思うようになってはいないでしょうか？　自然が発する無言の警鐘を真摯に受け止め、自らも戒め、コップ一杯の水も大切に使うように考え直していく、そんな機会にしたいと思います。

7月＋8月／1995

先日行われました西七条保育園創立25周年の記念行事には、多数のご参加をいただきありがとうございました。1部の劇団風の子の『エトセトラ』や、迫力ある和太鼓の演奏等とても楽しい内容で、子ども達もいまだによく覚えていて話してくれます。他の園の子ども達と一緒に、あのような場所で鑑賞できたことは、良い思い出になったと思います。また2部の祝う会では、西七の歴史を振り返るスライドを見たり、ＯＢ、地域、保護者の方々と話に花を咲かせ楽しいひとときとなりました。みなさんのおかげで良い節目を迎えることができ、職員一同喜んでおります。今後ともよろしくお願いします。

今年は阪神大震災に始まって、サハリンやギリシャの地震、サリンや異臭騒ぎ、爆発やデパート崩壊（ソウルの三豊百貨店）等、自然災害や人的災害が度重なって、あっという間に7月になりました。いろいろな形で世界が大きく変わっていく流れがあっても、「子ども達が健やかに育つように」「平和でありますように」の願いは変わらずに持ち続けています。七夕の笹飾りの短冊を飾りながら、そんな思いを子どもに伝えてあげてください。

さて、今月の職員会議では、子ども達の食欲のことが話題になりました。食べる量がぐんと少なくなっています。食べる量が少ない分何かで補って、体力はあるというのなら心配しないのですが、散歩に出かけると「しんどい」という子がいたり、朝から活気がなく、ゴロゴロしている子もいるので、子どもの生活はどうなっているのかと心配になります。子どもはよく寝て、よく遊び、よく食べてこそ、いろいろなことに取り組み、足腰、身体が鍛えられていくのです。

7月5日からはプール開きです。寝不足や病気で、水遊びに参加できないということのないよう、充分体調には気をつけてあげましょう。また、夏休みの期間に、自然の中でゆったり過ごし、親子の触れ合いを深めて頂きたいと思います。元気に暑い夏を乗り切りましょう。

9月／1995

暑かった夏も終わりを告げようとしています。9月に入り、朝夕、涼しくなってきました。寝冷えをしないように気をつけましょう。

8月末の夏祭りには、たくさんの保護者の方々がご協力くださり、またOB会や地域の方にもたくさんお集まり頂き、盛大なイベントとして夏の最後を飾ることができました。「夏祭りが終わらんと、夏が終わらへん」と、一生懸命手伝ってくださった方もあり、これが終わるとようやく秋の訪れも間近だなあと感じるこの頃です。

今年は、戦後50年ということで、戦争を改めて見直すテレビ番組や催し等がありました。唯一の被爆国日本ということで、二度と原子爆弾が使用されることのないよう、核兵器廃絶に向けての検証もされていました。広島、長崎の両方に原爆を落とす必要があったのか？　戦争を終わらせるためには一つだけでよかったのでは？　一つは実験のために使われたのでは？　という推察もありました。今、フランスが核実験を行おうとしているということで、たくさんの人々が反対運動に立ち上がっていますが、これ以上「核」で地球を汚さないでほしいというのが、みんなの願いではないでしょうか。

終戦の年に5年生だった私は、戦中と戦後の価値観が１８０度変わる時代の義務教育を受けました。太平洋戦争終結後に短期間使用された、中学一年生用社会科の教科書『あたらしい憲法のはなし』で、私は「主権在民と基本的人権の確立が叫ばれたことが、それまでと全く変わった政治のあり方を示すことになる」と教えられました。そして民主主義国家の遂行のための施策が新たに取り入れられて、女性にも選挙権が与えられるようになりました。しかし、日本の民主主義は戦後の50年の歩みの中で、欧米の民主主義のように徹底されたかというと、まだまだ「お上の意のままに」「皆さんのよろしいように」と、集団に自分の身を預ける考え方が払拭されないように思います。一人ひとりがしっかり国の行く末、わが家の行く末、子どもの行く末を考え、一人ひとりが国政に参加し、住み良い社会にしていく意気込みを持ち続けないと、再び戦争への道に引きずりこまれるのではないかと不安に感じるところです。

10月／1995

良い天気が続いています。もうすぐ運動会です。子ども達は、運動会に向けて、毎日走ったり、飛び回ったり、全身を使って遊んでいます。近年あっちこっちで運動会が早まってきました。西七も以前は、第一土曜日に運動会を行ったこともありましたが、台風の影響を受けたことがあり、第二か第三土曜日に移行しました。

西七では、プール遊びを十分に楽しんで、その中でつけた力をさらに伸ばすような運動会の演目を取り入れています。各年齢の発達を考え、子どもの身体状態に照らし合わせながら、楽しい運動会、活気あふれる運動会にしようと考えています。今年も温かい励ましや応援をよろしくお願いします。日程等、ご意見がありましたらお聞かせください。

さて、当園でも10月2日より延長保育が実施されました。延長保育とは、午後6時を超えて6時30分まで時間外保育をすることです。通常保育とは午前8時30分から午後5時。特例保育とは午前7時30分から午前8時30分、午後5時から午後6時までの保育のことです。現在延長保育に申し込まれた方は9名です。少人数で、子どもに負担のないよう行っていきたいと思います。どうしても必要がある対象児童を延長保育として登録しています。これからは「午後6時を過ぎても園が空いているからよかった」と、安易に6時を過ぎることのないように、お迎え時間の厳守をお願いいたします。

10月は文化の秋、子ども達も10月25日には、劇団風の子の『空まる風まる』を4・5歳児で朱七保育所へ見に行きます。また10月28日は、乳児親子遠足で、0歳児・1歳児は今年初めて八瀬野外保育センターに出かけます。10月28日は下京区のふれあい祭もあります。5歳児は太鼓演奏のため、メイン舞台に出演することとなりました。土曜日でもありますので、参加できる保護者の方は、ご一緒にご参加ください。

11月／1995

11月に入り寒気が流れ込み寒い日が続きます。それでも子ども達は、元気よく外で遊んでいます。過日の運動会には、たくさんの方がお集まりくださり、子ども達に熱い声援を送っていただき、また実行委員のみなさま方にも、お忙しい中、ご協力くださり、ありがとうございました。今年の運動会は第二土曜となり、卒園児達もたくさん来てくれて、大にぎわいで会場が狭くなったのかと錯覚をおこす程でした。アンケート等でも、ご意見をいただきましたが、会場を移すことは考えられず、効率の良い使い方はないか、今一度検討していきたいと思っています。

28日は親子遠足で、八瀬野外保育センターに行きました。幼児の方は思いがけず「ふれあい祭り」に参加することになり、ぞう組さんが「太鼓」と沖縄の踊り「エイサー」を披露することになり、保護者の方もご参加くださり、楽しいひとときを過ごすことができました。

延長保育を始めて一か月経ちました。今のところ、10人ほどの申請者で、お迎え時間も午後6時半ギリギリというよりも、6時過ぎには来ていただいているようで、順調に行っています。子どものためには、保育時間はあまり長くならない方が良いのは当然ですが、不況の中にあって会社に首を切られないためには、言われた通りの仕事をこなしていかねばならない人も多く、職場は働く女性にとって、まだまだ民主化されていないところが多いのではないでしょうか。それでも働き続けるためには、保育所が何らかの協力をしていく必要があるということで、延長保育に取り組むことになったのです。

一人ひとりの子ども達が、より健やかに成長し、保護者の方々が安心して働けるために、保育所もサポートをがんばっていきます。国及び京都市では、不況の中で厳しい財政面に立たされており、保育所でも「延長保育の需要拡大がされても、保育者が増えない」ということになりかねません。保母やその他の職員にもしわ寄せが来ないよう、大きな運動の展開が必要だと思います。

12月／1995

一段と日の暮れるのが早くなりました。暖かい日があるかと思えば、寒の戻りがあったりの12月です。またこの一年は、本当にいろいろなことがありました。戦後50年の節目の年にふさわしいのかどうか、大事件や災害等が立て続けに起きた一年でした。

新年早々の1月の阪神大震災、いまだに地震の恐怖から逃れられない子どもがいます。多くの仮設住宅が取り払われ、表通りはきれいになってきましたが、被災者は自宅再建もままならず、仮設住宅から強制退去を迫られるケースが続出していると聞きます。行き場のない不安の中で年の瀬を迎える方もおられます。3月に起こったオウム事件では、本来は人々の心を安らかに、人と人との輪を取り持つのが信仰の使命であろうかと思いますが、オウム教団は殺人集団の一端を担っていたという驚くべき事実が明らかになるにつれ、国民の関心は、怒りや恐怖心を一気に高めていった年でもありました。人の良心に働きかけ、行動や心理をコントロールしていくカルト集団の手口。自分に従わないものは全て抹殺するカルトの実態は、あのナチスが行った虐殺と類似性を感じて、身の毛のよだつ思いがしました。

また、いじめによる自殺のニュースが続きました。子どもが生命を落とすとき、親はどんなにか大きな嘆きを背負っているのか、世の子ども達にもしっかり知ってもらいたいです。いじめによる自殺は二度と出さないよう切に願うばかりです。日本の子ども達は、あまりにもか弱く、温室育ちになりすぎてはいないかという心配もあります。

また今年は戦後50年の節目の年でした。戦後すぐに日本経済はかつてないほどの右肩上がりでしたが、１９８０年代後半から起こったバブル景気の急激な後退で、深刻な不景気に陥りました。世界を相手に日本が成り立っていくには、今の若い世代が一人ひとりしっかりと判断力を持ち、未来に向かって、また他の国の人々とも、平等に議論できる力を身につけることが必要だと思います。

さて、12月は製作展です。一人ひとりの子どもの成長や発達を見て頂けたらと思います。

1月／１９９６

新年おめでとうございます。

クリスマスに降った大雪のおかげで、暮れの段取りが狂ってしまったりで慌ただしかったと思います。けれども元旦の初日の出は真っ赤に輝き、思わずハッとため息をつくほどでした。今年は昨年の暗さを挽回すべく、明るさを取り戻そうと前向きな気持ちになりました。

また地震被災にあった方々の姿がテレビで放映されていましたが、あの日から一年経過しますが、まだまだ大変な中で生活しておられる方も多いようです。行政の厚い支援の手が差し伸べられることを願ってやみません。

園庭の東側の真ん中辺りにみかんの木が3本あります。もう10年近くなるのですが、いっこうに実がなりません。どうしてでしょう？　ご存知の方があればお教え下さい。じつは東側のブロック塀の辺りに趣が欲しいと思ったのです。それで何か実のなる木を植えようと考え、徳島へ帰郷した折に山ももを求め、それを植えました。

1996年度は、緩やかな景気回復傾向に復する兆しが現れていると経済専門家が伝えていますが、もう少し生活しやすくなるのでしょうか。はたまた世紀末でますます厳しくなるのでしょうか。難しいところです。年明け早々に首相が変わり、総選挙があるかもしれません。世の中を変える手段は「選挙で勝つ」ことではないでしょうか。少しでも働く人が良い生活ができるように、働く人の意見を政治に反映してくれる人を議会に送っていくために、「投票で世の中は変わるんだ」ということをわかってもらいたいです。今年もどうぞよろしくお願いいたします。

2月／1996

2月2日は、節分を前にして大雪が降りました。日本列島が凍てついた一日となりました。

節分とは立春、立夏、立秋、立冬の前の日のことです。日本では室町時代の頃から春の節分が重視され、節分といえば立春の前の日を指すようになり、2月3日の節分は冬の最終日というわけです。

バブル崩壊の過程で巨額の不良債権を抱えた住専（住宅金融専門会社）７社に対して、合計６８５０億円の公的資金が注入されました。「住専破綻の責任を国民に負わせて、巨額の税金を投入とは如何なものか！」と、大蔵省へ鬼払いに行く人々の姿をニュースで見ました。「借りたものは返す」のが世の常。税金で穴埋めして返さなくても良いなどと、時の政府が決めていいはずはないでしょう！　怒りを持って大蔵省に豆を投げつけたい思いは、多くの国民感情ではないでしょうか。世の中を正すために「鬼はそと！　福はうち！」

２月最後の大きな行事として、生活発表会があります。行事のための行事ではなく、見せるための発表会ではない。子ども達が喜んで参加する生活発表会でありたいと思っています。

太鼓でも、歌でも、放っておいて勝手に覚えるものではありません。くり返し練習する努力は必要です。途中でやめてしまったり、投げやりにならないように。けれど子ども達が楽しみ喜んで練習をし、舞台で成果を発表できるように、工夫しながら取り組みました。

立春とはいえ、寒さがまだまだ続きます。大人も子どもも疲れが出たら早めに休むのが賢明かと思います。生活発表会には、子ども達全員で参加できるように祈っています。

3月／1996

弥生三月、梅もほころび、早々に雛の節句も終りました。雛納《ひなおさめ》も終え、ぞう組さんの卒園まで残すところ一か月足らずとなりました。

子ども達は、生活発表会や合宿を通して一回り大きくなったように思います。かば組以下のクラスも年度初めの頃から比べると、みんな大きくなりました。大きな事故もなく、無事に巣立ちの春を迎えることができて大変嬉しく思っています。

今年は三寒四温をくり返しながら春になっていくようです。寒いと思うと暖かく、日々の気温や体感の変化が大きいので油断禁物！　お風邪を召さぬようくれぐれもご注意ください。

2月の終わりの市長選、みなさまには、ご苦労様でした。新しい市長が誕生し、3月1日付の市民新聞に公約が載せられていました。今までの市長さんと少し違うところは、保育所充実の文字が見当たりません。教育畑から出られた方だから幼児教育は幼稚園だけと思っておられるのでしょうか？「男女共同参画社会の実現と女性の社会参加の実現」には「保育所の充実」は欠かせません。これからも保育所の充実、女性の社会参加が可能になるように、要求を出していかねばならないと思っています。

特に今、プール制（処遇改善）の存続に向け、それを理由に条件の切り下げが行われようとしています。これ以上予算が減って、職員の人数が減ったり、給料が下がれば、保育の条件が切り下げられ、子ども達にも厳しい春になりそうです。

子ども達の為に、より良い保育が実現されるように、運動を進めていきたいものです。

年表C　2000年（平成12年）から2003年（平成15年）の出来事

2000年（平成12年）出来事 ■世間を騒がせたコンピュータの2000年問題は起きず（1月1日） ■大阪府知事選で太田房江が当選・日本初の女性知事誕生（2月6日） ■有珠山が23年ぶりに噴火（3月31日） ■介護保険制度施行（4月1日） ■岡山金属バット母親殺害事件（6月21日） ■雪印集団食中毒事件発覚（6月29日） ■三宅島雄山噴火（7月8日） ■山口母親殺害事件・16歳の少年が「母親を殺した」と110番通報（7月31日） ■大分一家6人殺傷事件、犯人は15歳の少年（8月14日） ■世田谷一家殺害事件発生（12月30日）
2001年（平成13年）出来事 ■21世紀始まる（1月1日）

■インド西部地震が発生。約2万人が死亡（1月26日）
■大阪教育大附属池田小児童殺傷事件が発生（6月8日）
■アメリカ同時多発テロ事件（9月11日）
■アメリカ軍によるアフガニスタン侵攻開始（10月7日）

2002年（平成14年）出来事

■ユーロ紙幣とユーロ硬貨の流通開始（1月1日）
■ソルトレイクシティオリンピックが開幕（2月8日）
■2002FIFAワールドカップ開幕（5月31日～6月30日）
■北朝鮮に拉致された日本人5人が帰国（10月15日）

2003年（平成15年）出来事

■スペースシャトル・コロンビア号が地球へ帰還の際に空中分解（2月1日）
■アメリカ・イギリスによるイラク侵攻作戦開始（3月19日）
■中国で新型肺炎SARSが大流行、死者700人超（3月頃から）
■フランス全土の記録的な猛暑による死者が11000人以上（8月29日）

4月／2000

４月に入って桜も少しずつ開き始め、８日には満開になりましたが、雨が降り始め早くも花びらがヒラヒラ舞い落ち始めました。

さて、いよいよ西七条保育所30周年がやってきます。５月13日には盛大な催しを企画しています。ご参加賜りますようよろしくお願い致します。

開園の１９７０年から30年の月日の経過に伴い、世の中を取り巻く環境も日々変化を遂げています。１９６０（昭和35）年から１９７０（昭和45）年の時代は、高度成長に伴って「共稼ぎ」や「働く女性」が増え、極端な保育所不足になり、「ポストの数ほど保育園を」という運動が全国的に広がっていきました。西七条地域も商店や会社が多く、働き続けたい女性の声も高く、大きな運動がくり広げられました。

また法律の改正で、更生施設、支援施設、児童福祉施設（保育園）、高齢者福祉事業など社会福祉事業に企業が参入し、地域福祉に貢献することよりも利益追求といった意識が強調されるようになっているのです。子ども達を守るのは、親や身近にいる大人しかいないところまできています。

例に挙げると、京都のあるホテルに企業が託児所を作りました。ホテルを利用する人の子どもを預かるということですが…。結婚式とか、会合のある間ならまだしも、毎日ホテルで生活するとなると子どもはどうなるのでしょうか？　ホテルには子ども用の園庭があるわけでもありません。冷暖房完備で保育されていると良いように思いますが、本当に身体のためによいのでしょうか？　子どもは自然に触れ合いながら、暑いときには汗を流し、寒いときには服を一枚着せて身体感覚を鍛錬していきます。年中、同じ気温の同じ所で育てられたらどうなるのでしょうか？ちょっと乱暴ないい方ですが、企業のやる介護は心のない介護です。

人を育てる、人と交わるということは、心を開いて語り合ってこそ出来ることだと思います。心のない介護や育児では、本当の《育ち》は出来ないと思います。

5月／2000

このところ急に夏に移ったような陽気で暑い日が続きます。けれども朝晩の寒暖差が大きく、夜になると急激に冷えることも多いので、子どもは体温の調節がしにくく、風邪を引きやすくなります。暑い時は一枚ぬぐ、寒くなれば一枚羽織ることを身につけたいものです。

さて、いよいよ来月、6月1日に、西七条保育所30周年を迎えます。創立当時は、まだまだ物は乏しく、一つひとつを大切に扱ってきました。でもその当時の世の中は、オイルショックを経て、世界中が高景気を迎えた時期で、神武景気から岩戸景気へと高景気は続きました。しかし、ベルリンの壁が破れ、東西の対立がなくなり、高景気もバブルになって消えてしまいました。その後、10年近くなっても景気の回復はみられず、大きな企業も倒れ、銀行もいくつも倒産していく情勢の中で、福祉だけが聖域にあらず、厳しい条件がつきつけられてきました。

そして今は、政府、厚生労働省の保育政策で認可保育所に営利企業の参入を認め、積極的な誘導策を展開しました。保育園経営は社会福祉法人に限られていましたが、規制緩和（2000年以降）によって、幼稚園でも（学校法人でも）保育所の経営ができるようになりました。また少子化の動向のもとで、共働き家族の増加による保育ニーズによって、長時間保育、一時保育、休日保育など通常の保育時間以降に延長保育を実施する情勢になってきました。そんな中で迎える30周年。今までの保育を振り返り、子ども達にとって何が大切か、これからの保育を見つめる機会にしたいと思っております。

この連休中にも少年による事件が相次ぎました。「こんなことでどうするのか！」と、叫びたくなります。「人を殺してはいけない」そんなことは保育所の子どもだって知っているのに…。何かが狂ってきている。人の育ちの中で《人の心を育てること》を大切にしなければならないのだと切に思います。大人も子どもも、みんなで共に、保育所の交わりの中で、人を大切に！　そしてみんな元気で！　これからも西七で育つ子ども達がすこやかに成長しますように！　お互いに感謝の気持ちをもって毎日を過ごしたいと思います。

6月／2000

いよいよ梅雨入りを思わせる雨が降ってきました。土曜日の給食参観ならびに園庭整備には、たくさんの方々が参加くださり、ありがとうございました。

折り込みの新聞にもありましたように朝食を食べてないお子さんが増えているようです。子どもは、朝・昼・夜の3食だけでは、必要なエネルギーや水分、栄養素を摂取しきれません。特に小さい子どもさんは、活動は活発なのに胃袋が小さくいっぺんに食べきれないので、1日5食必要だといわれています。だからおやつもお菓子類よりも副食に近いものがよいということです。園のおやつも手づくりで頑張っています。食中毒は夏場（6月～8月）にはO－157、サルモネラ等、多くの菌が活発に活動を始めます。毎日の手洗い等を忘れないようにしましょう。また保育施設でも特に清潔を保つために、園庭の清掃や洗浄を行いました。ご協力いただいた保護者の方々には感謝申し上げます。本当にありがとうございました。

6月14日より、園の北西（調理室の北側）に物置の設置工事を始めます。30年経ちますといろいろ物も増え、収納スペースを増設することになったわけです。増設といっても、昨年、ガスヒーティングに変えた際に、今まで使用していたオイル室、機械室が空いたので、そこを中心に物置にします。また出来れば二階に小さな部屋を作ることを考えています。職員の会議室または、夕方の延長の子どもがゆっくりできる一時的なスペースになればと考えています。

また工事期間は6月14日～8月14日まで。お盆には出来上がると思います。工事の場所は裏側ですので保育に支障はありませんが、材料が置かれたり、西側通路の車の出入りが多くなると思います。その点でご不便をおかけします。何卒ご協力よろしくお願い致します。

7月＋8月／2000

一気に夏が来たような毎日です。子ども達は水遊びで、ずぶぬれになりながらも楽しそうです。世の中もどうなっているのかと思う程、いろいろな事件が相次いで起こります。
◎雪印の低脂肪牛乳に黄色ブドウ球菌がまざり、八千人以上の人々が食中毒にかかり、発症者はさらに増えそうです。毎週洗浄すべきはずのバルブ部分が3週間も放置され、菌が繁殖し製品の汚染につながったということです。
◎堺の大きな病院では患者からセラチア菌が検出され7人が死亡した。以前にも死亡している人がいるとか。
◎横浜市の大病院では消毒液を間違って飲み薬だとして渡した。飲んでみたところ気分が悪くなり、病院に連絡したら消毒液に「お飲み下さい」のラベルを貼ってしまったとのこと。
ちょっと気をつければ防げる事故が、何故起きるのか不思議です。

日本列島も大荒れです。北海道の有珠山が噴火し、まわりの人々は一か月近くも避難を余儀なくされ、やっと我が家に帰れたところです。今度は三宅島が噴火するとかで避難をされ、３日程で自宅に帰られましたが、いまだに毎日数回の余震が続いています。テレビのテロップを見ては、まだ続いているのは大変だなと思ってしまいます。それでも、観測体制が整備され、事前に噴火情報が発表され危険を回避することができてなによりだと思います。

本年は２０００年のミレニアムの始まりの年であり、20世紀最後の年でもありますが、生態系の破壊、食料危機、災害の増加や健康への影響など様々な現象が予想されています。地球はどうなるのかと不安になります。けれど人間の英知は、ヒトゲノム解析（ヒト染色体のＤＮＡ配列を読みとる）に成功と、世界中で話題を集めています。おそらく遺伝子が関与する疾患（ガン等）の原因解明や治療法に朗報をもたらすことでしょう。21世紀は営利にまどわされずに、人々のためによい政治が行われることを望みます。

７月～８月、青空の下、大いに子ども達と楽しい夏休みをお過ごし下さい。

10月／２０００

さわやかな秋晴れが垣間見られる今日この頃、郊外に出ればススキが風になびき、コスモスの花も咲き始め、秋の気配が深まってまいりました。

今年から体育の日が第二月曜となり、７日（土）、８日（日）、９日（月）と3連休になるようです。

当園の運動会予定日は第一土曜日、本命は第二土曜（14日）です。

プールが終わってからも、暑い日は水遊びに余念のない子ども達ですが、運動会が近づくにつれ、うんていや鉄棒に夢中になり始めています。うんていや鉄棒、なわとびなどは練習を重ねないとうまくなりません。運動にからむものは殆どがそうです。オリンピックでメダルをとった人々も、日々練習に練習を重ね、ようやく手にしたメダルです。

運動はメダル獲得のためにするのではないけれど、運動も勉強も努力なしには身につかないものです。一歩一歩練習を重ねて努力することで身につきます。当園では年齢を超えて高いハードルに挑むことは考えず、年齢に合ったことを、子ども達が喜んで取り組むように、そして心と身体が発達していくようにはたらきかけています。日常生活の中でも、うまく出来たらほめてあげて下さい。子ども達がやろうとする意欲が芽生えるよう応援して上げて下さい。

今の世の中、努力することの価値が軽視されています。子ども達が一人の人間として育つ中では、様々な努力が必要になります。運動能力や集中力は、小さい時からしっかりと積み重ねていくことで習得していきます。子ども達には、なわとびや鉄棒、うんてい等、努力して出来た時の喜び、努力の成果がこんなに嬉しいものかという体験を重ねながら、たくましく育ってほしいと願っています。

11月／2000

今年の夏は、例年に比べてことのほか暑かったせいか、11月に入っても強い日差しに照らされています。霜月ともなれば、そろそろ冬支度に向かうはずなのに、半袖一枚で水遊びをしている子ども達。地球温暖化の影響が気がかりです。

この100年あまりの間に、東京をはじめとする都市部の平均気温が、夏は2度強、冬は4度ほど上昇しているそうです。温暖化に向かっていることは事実ですが、それは自然的要因だけではなく、人間が電気などを使い過ぎたり、車等の排気ガスで空気を汚してしまったり、人為的な要因によって引き起こされているものです。環境保護のために、再生可能で地球にやさしいエネルギーの必要性が叫ばれています。でもやっぱり人間は楽な生活を選んでしまうのでしょうか。

夏の終りに尾瀬ヶ原と尾瀬沼に出かけました。夜は真っ暗で外燈もない山荘で、お風呂も簡単につかるだけ、環境保護のため、石けん・シャンプー等は使用できません。日の出と共に起き、日の入りと共に寝る昔ながらの時間を過ごしました。「昔のままの尾瀬の姿を守り続けたい」と願う人々の努力で、尾瀬の自然はやっと残されているようです。

気候のよい11月は園外保育に出る機会も多くなります。子ども達には出来るだけ自然の中で遊んで欲しいと思います。運動会の取り組みの中で充分に身体を動かし、鍛えられた子ども達が、製作展では、手を使っていろいろなものを作っていきます。自然の中で見つけたもので何かを作ってみる。そんな経験もしたいと思っています。

保護者の方達にも親子での取り組みがあります。親子一緒にじっくり向き合って一つのものを作ることは、子ども達にはとっても嬉しいことなのです。お忙しい毎日ですが、ご協力よろしくお願いします。

12月／2000

晴天に恵まれた「秋まつりバザー」には、たくさんの方々がお集まり下さり、また保護者や地域の方々のご協力を得て、盛況のうちに幕を閉じることが出来ましたことを感謝申し上げます。

昨年から年が明けて2000年になる際に、コンピューターが誤作動する可能性があると懸念された「2000年問題」では大騒ぎになり、年末・年始の旅行を控えた方がよいとか、不安にあおられました。しかし、直前にこそ大騒ぎしたものの騒動はそれ程のこともなく、無事一年が終わりそうです。

とはいえ、社会の現実は働く者や子ども達にとって、変わらず厳しいものがありました。ことに介護保険制度が今年（2000年）に創設されました。介護を社会全体で支えることを目的と謳っていますが、介護保険料は40歳以上であれば、無職でも支払わなければいけません。少子高齢化が進む日本では、働く世代が減少し労働力が減っていく…見通しは暗いことばかりです。21

世紀は、子どもやお年寄りにとって住みよい社会になるよう運動していきたいものです。

12月は子ども達の製作展があります。保護者の方々にもいろいろお手伝いしてもらっていますが、共に作り合う楽しみを味わって頂けたでしょうか。年末のお忙しい時ですが、当日は子ども達の作品をご覧頂き、子どもと一緒に楽しいひとときをお過ごし頂けたらと思います。

1月／2001

新世紀明けましておめでとうございます。

毎年、年頭のあいさつで「おめでとうございます」と言い合うのですが、「何がめでたい！」と、浮かれ気分に水をさしたい21世紀の幕開けでした。昨年末の12月30日、世田谷一家殺害事件が起りました。紅白歌合戦や京都の火祭りでワイワイやっているときにも、心は晴れない暗い年の瀬でした。日本の経済も先行不安で円高ドル安の傾向です。銀行も利息が少ないけれど預かってくれるだけで、そのうち預かって貰うのに、こちらが利息を払うようになるのではないかなどと思ったりしています。

また昨年は介護保険の導入で、福祉予算が減らされました。今年もまた、社会的に弱い立場にある者には厳しい情勢が待っているようです。21世紀は子どもや、老人や、障害のある人達に、やさしい世紀になるようにと、世界の人々は願っているのに、日本はそれとは逆の方向に動いているようです。

先日、暴走族を取材したテレビ番組で、一人の18歳の少年が「キレたら刺すだけやで…親でも友達でも誰でもええねん。刺した方が勝ちや」「オートバイや車で道路を走りまわるって快感をおぼえる」とうそぶき、公共の空間で傍若無人に振る舞う姿を見ました。私は思わず「何を云うてんねん！」と、テレビの少年に石でも投げたくなるような怒りを覚えました。18歳にもなった少年が「人を刺したい」など言語道断。義務教育を終えれば社会人として、人の道理がしっかり身につくはずなのに、そんな育ちはどこからくるのか考えさせられる正月でした。

保育園に通ってくる子ども達は、天真爛漫で瞳を輝かせているのに、学校へいってからの教育はどうなっているのか？　肌寒い思いがします。清らかな瞳を、いつまでも持ち続けられる子どもを育てていきたいと思う次第です。

2月／2001

大雪が降ったり地震があったり、あわただしい一か月でした。都道府県主催の成人式でも、式典を静粛に迎えられずに問題行動を起こす新成人が増え、大荒れに荒れた所がたくさんあったようです。政界でも収賄や贈賄で大臣の異動があり、外務省の関係では松尾克俊・元要人訪問支援室長が官房機密費約9億円を詐取ということが新聞の一面に報じられ、日本列島は大揺れに揺れているところです。

今夏には参議院の選挙がありますが、その頃にはこの波風もおさまり、今までと同じような人々が国会議員になるなどということにならないように、国民の一人ひとりがしっかり候補者を見極めて、選挙に臨んでいかねばならないと思っています。

2月は大きな行事の最後として、生活発表会があります。運動会で身体を鍛え、いよいよ最後の製作展では、創意工夫して作ったものや絵について、みんなの前で大きな声でお話してもらいたいと思います。年齢によって、お話は長短あり、内容もいろいろですが、一人ひとりの子ども達が、自分の持っている力を出して、精一杯発表してくれればと思っています。

時間の許す限りご覧頂いて、子ども達の成長の姿に拍手を送ってくださればありがたいと思っています。

3月／2001

春の日差しは強くなってきましたが、まだまだ風の冷たい3月です。寒暖の差が激しいとき程風邪にはご注意を！　昼間は暖かくても夕方になると気温はぐっと下がります。子どもは体温調節機能が未熟で、衣服で調整したり、休ませるなど大人が注意しなければなりません。

先日の生活発表会には、たくさんの方々にお越し頂き有難うございました。

子どもは緊張すると、ちょっとしたことで泣いたり、ケンカになったりします。発表会本番では緊張や不安をのりこえて力を発揮することができるようになりました。

5歳児になれば物事に集中する力もしっかりと身につきます。その時の子どもの姿、真剣なまなざしが、見ておられる方々を感動させるのだと思います。発表会が終わった後の子ども達は、余韻を楽しみながら、発表会ごっことしていろいろ遊びに発展させ楽しんでいます。

さて、いよいよぞう組さん（5歳児）も卒園の3月を迎えました。冬の合宿では、どの子どもも元気に取り組むことが出来ました。また他のクラスの子ども達も、見違えるほど大きくなりました。一年を経過してみると、こんなにも成長するんだなあと感心しました。

おひなさまの日の食事の時間に、ひよこ組の部屋に行ってみました。ひよこ組（1歳児）の子ども達が一人ひとり、大きな口をあけて野菜やお魚をパクパク一生懸命食べていました。家だと「たべさせてー」とか「これいやや－」とか、わがままも出るでしょうが、みんなと一緒だと、一生懸命食べています。ひよこ組の子ども達の「自らの力で育つ」パワーに圧倒されました。

西七の子ども達は、子ども同士のかかわりの中で、また大人とのかかわりの中で、また自然とのかかわりの中で、充分に成長を遂げているのだと思いました。

4月／2001

春爛漫というよりは初夏に近い日ざしの今日この頃です。

新学期が始まり、子ども達はちょっと戸惑いながら、新しいクラスで元気に毎日を過ごしています。以前のクラスに入ってみたり、廊下をバタバタ走ったり、進級まもない2、3日は騒々しい日が続きましたが、週が変ると、だんだんに落ち着いてきました。

近年、政府は子育て支援に力を入れてきました。待機児童がなくなるように、政府は定員をこえて1～2割多く入れることや、認可保育所以外の企業や幼稚園が、保育所を運営できるようにしました。それで京都市では現在の待機児童は533人まで減ってきました。当園としても目いっぱい子ども達を受け入れるように努力してきました。4月に入っても、急に子どもを預けたいと相談にこられる保護者が後を絶ちません。空きがあれば入って頂きたいと思うところですが、事故の危険性や保育の質の低下などの懸念もあり、要望通りには預かれません。政府は既存の保育所に頼るだけでなく、園を増やす方向も考えて欲しいのですが、なかなかそうはいきません。

また近年は乳幼児の虐待も増えているようで、親にも子どもにも大変な時代になっているようです。

西七は、子どもを中心に、子どもがすこやかに育つ保育園であるためにも、今年もまた努力していきたいと思います。ご協力の程よろしくお願い致します。

5月／2001

暑かったり寒かったりのゴールデンウィークでしたが、みなさまはいかがお過ごしでしたか？連休前から、1、2歳児クラスでは水疱瘡、おたふくかぜが流行し、せっかくのゴールデンウィークも家庭で過ごした子どもが多かったのではないかと思います。何よりも健康が第一、元気になればまた外へ出かけられます。

この連休の間に、親がクルマを離れた時、車内で起きた悲劇のニュースがありました。親がパチンコに夢中になっている間、車中に残された子どもが熱射病で死亡。車から親が数分離れた間、車内に残された子どもの首にシートベルトが引っかかって締め付けられる事故。駐車中のワゴン車の中で、子どもが100円ライターでいたずらして車両火災が発生。車内で起こる、さまざまな事故やケガで特に多いのが乳幼児に関わるもので、そのほとんどが、親の不注意や子どものいたずらが原因です。また気温が上がり始める春先から夏場にかけては、車内での熱射病ややけどなどに注意が必要です。

多くの女性が子育てに不安をもち、8人に1人の女性が「子どもを産まなければよかった」と思っているという意識調査が発表されました。確かに子どもを育てる環境が年々厳しくなっている状況ですが、男女雇用均等法の成立で、女性を男性と均等に取り扱うことが「努力義務」として課されたことで、子育てにまで気がまわらない現状になっていることも、加えて要因になっているかもしれません。

一方、内閣府の調査によれば、仕事を持って働くお母さんよりも、専業主婦のほうが、共働き世帯の妻よりも、子育てに対する孤立感や負担感を感じている人が多いそうです。母親だけではなく父親も共に手をとり合って、子どもを中心にした生活を送って欲しいと思います。そして子どもが成人するまでは、子どもの育ちをしっかり見届けていきたいものです。

6月／2001

梅雨入りの気配が感じられないまま、暑い日が続くかと思えば急に夜中に寒くなったりして、温度寒暖差の激しい今日この頃です。子ども達が風邪を引かないように気をつけてあげて欲しいと思います。

このところ、子どもの虐待の事件が後をたちません。先日は栃木県の8歳の女の子が、黙って仏壇のお菓子を食べたということで、父親に庭の木に縛って吊るされ2時間も放置され、脱水症状を起こして亡くなりました。生まれる時は、みんなが子どもの出生に期待をかけ、母親も命をけずって子どもを産みだしたのに、子どもの命を守れなかったことが悔やまれます。誰もが一人の人間として大切な命を与えられ、この世に誕生したのです。子どもは親の「所有物」ではありません。子どもも一人の人間として、幸せに暮らす権利を持っています。子どもの出生は、一人の《個＝子》の誕生なのです。

人間として成長するためには、いろいろなことを教えたりしつけたりしますが、それはあくまでもその「個人」が一人の「人間」となるために、先人として親やまわりの大人が見守っていくことなのです。その「個＝子」が大人になって、人生を一人生きていくために、親は何をすべきかを考えて、子どもの教育にあたって欲しいのです。学校での教育もその一端です。その子に何を身につけさせれば一人の人間として、大人として、社会の中で生活していけるのか。将来像を見据えながら、（仕事と子育ての両立は大変ですが）目の前の子どもを育てて欲しいと思います。

7月＋8月／2001

高温・多湿な気候が続きます。暑い日には、子ども達は水あそびに余念がありません。ホースの水を受けて、キャアーキャアーと歓声をあげながら元気いっぱいとびまわっています。

6月8日に起きた池田小学校の事件では8人の子どもが亡くなりました。この一か月、日本中が騒然となりました。子ども達にとって一番安全であるべき学舎で、あのような悪夢が起ころうとは…。また近年、アメリカでは、コロンバイン高校銃乱射事件（1999年）が起こり、12名の生徒と1名の教師が亡くなりました。日本でもそういった事が起きてくるのでしょうか？

本当に恐ろしいことです。

あの事件の後、京都市では、校門の施錠や防犯カメラの設置など、各地の学校が安全対策を強化する契機となりました。早速に各学校の門に防犯ビデオカメラの設置が進んでいます。保育所にも設置するところは、補助金を出す旨の連絡が保育園連盟から届きました。また下京区の園長会でも、警察の方に来て頂いて不審者が侵入した際の避難誘導や防御方法などの話をしてもらいました。なによりも大切なことは「施設の周辺ではいつも目を光らせておくこと。誰かが見ていること」と話しておられました。ちなみに当園では、まだカメラの設置はありませんが、警備保障会社に委託をして、日曜、祝日、夜間の見廻りを実施しています。また警察は小学校の巡回を行っているので、保育所周辺の見廻りの強化もお願いしている次第です。

7月8月は、夏休みもあり、海や山へと出かけることが多くなります。子どもの安全を第一に、事故のない楽しい夏休みを過ごして頂きたいと思います。

9月／2001

朝夕の風に秋の涼しさを感じるこの頃、寝冷えをしないよう気をつけましょう。

過日の夏まつりには、たくさんの方々のご協力ありがとうございました。近年は前夜祭も盛大になり、夏の最後を飾るイベントとして、子ども達の心に残る2日間となったのではないでしょうか。ＯＢの子ども達や保護者の方々もなつかしそうにいろいろと話をされていました。

一年に一度の出会いも続けるうちに、お互い親しくなって、新しい友達関係が広がっていくようです。

子育て中は、あれこれしなければならないことばかりで、大変だ！大変だ！と毎日が過ぎていきます。たまには気分転換して、太鼓の音を聞いたり、ドラマを見たり、自ら踊りの輪に入って汗を流したりする中で、楽しさも味わって欲しいと思います。それが明日の元気につながり、子育てエネルギーの供給となり、毎日を楽しく過ごせることにつながれば嬉しいことです。さあ運動会やバザーなどの行事が待っています。一日一日を元気に過ごすためにも、奮ってご参加お待ちしております。

10月／２００１

さわやかな秋晴れが続く今日この頃、郊外に出ればコスモスが咲き、ススキが風になびき、秋の気配も深まってまいりました。

10月に入り運動会が近づくにつれて、子ども達はうんていや鉄棒に夢中になりはじめています。うんていや鉄棒、なわとび等は、練習をつみ重ねないとうまくなりません。一歩一歩練習を重ね努力することで身につきます。そして日常生活の中でも、うまく出来たらほめてあげてください。

子ども達のやろうとする意欲が芽生えるよう応援してあげてください。

昨今、競争することについての是非が論じられる面もありますが、勝った負けたに重点をおくのではなく、努力することで身につくことを、大切にしていきたいと思います。また当園では、しなやかな体づくりや、子ども同士のふれあいや遊びの中で、「仲間がいるからがんばれる」「友だちと一緒に自分もできるようになった」と、一緒にがんばったことを、共に喜んであげられる、そんな姿を取り組みの中で大切に育てていきたいと思います。

11月／2001

9月11日のニューヨーク、世界貿易センタービルの破壊に端を発して、アメリカはアフガニスタンを空爆し、大規模な軍事行動を開始しました。アメリカは当初の計画では市民を狙って攻撃はしないといっていましたが、結局は誤爆により民間人の命が奪われる結果となってしまいました。昔の戦争は、戦地で軍隊と軍隊が戦う戦争でした。けれども結局は一般の人達を犠牲にした戦争しかないのです。テロによる行為は決して許されるものではありませんが、21世紀は人間の叡智にかけて、話し合いで紛争も解決して欲しいと思います。日本でもテロ対策特別措置法が通り、自衛隊が戦場に赴くことが出来るようになりました。「テロ対策のための安全保障」という事態を大義名分に、集団的自衛権などに関する憲法論議を飛びこえ、憲法解釈を骨抜きにしようとしているようにみえます。戦争はもうこりごりです。

瀬戸内寂聴さんが湾岸戦争（イラク戦争）に反対し、即時停戦を訴え断食を開始したそうです。どんなことが起ころうと、相手の立場を理解して、「目には目を」ではなく、言葉で理解し合って欲しいと思う次第です。

また国内では失業率が5・3％を超え、どんどんと失業者が増え、中小企業や、一部テレビ報道によれば老舗といわれてきた店が潰れているようです。子ども達への予算は削らないといっていた京都市も、非常事態宣言を出しました。経済の先行きは暗く八方塞がりの状況ですが、せめて子ども達の生活は未来へはばたけるように考えて欲しいと思っています。

11月28日は当園のバザーです。バザー収益の1割はこれまでユニセフに寄附してきましたが、今年も飢饉や中東・北アフリカの紛争地域に居住している子ども達に役立てられるように寄付を行いたいと思います。みんなでバザーを成功させていきたいと思います。

12月／2001

ミレニアムから21世紀へ、昨年の暮れは大変な騒ぎでした。来るべき世紀は平和で、誰もが平等に生きていける世紀になりますようにと祈りつつ新しい年を迎えました。

そして、半年経った9月11日、ニューヨークで同時多発テロが起こり、戦争への火ぶたが切られました。ビンラディン容疑者を米同時多発テロ事件の主犯者と認定し、10月7日、米国と英国は爆撃機と巡航ミサイルによるアフガニスタン攻撃を開始しました。国内でも自衛隊の派遣が決まり、11月下旬にインド洋に向けて出港しました。戦争が起これば敵だけがやっつけられるということはありません。誤爆で味方がやられたりします。どんな場合も、話し合いですませて欲しいと思います。21世紀になっても人間の知恵は、そこまでいかないものなのでしょうか。

12月を迎えて保育園の行事は、製作展があります。運動会以後も公園や山に出かけて、赤い葉っぱやどんぐり等、いろいろ拾ってきたものや、お家から持ってきたものなどを使って、子ども達は製作をしています。今年は、子どもの文化研究所所長の寺内定夫先生に来て頂いて、子どもの感性を育てるお話や、製作展の感想なども語って頂きます。

寺内先生は、木のおもちゃデザイナーです。シンプルで、しかも木肌のあたたかさ、優しさ、心地良い木の音を大切に、子どもの年齢に合わせたおもちゃを作り続けておられます。当園でも0～1歳児のクラスでは、寺内先生のおもちゃを使って遊んでいます。また、感性を豊かに育てるためのいろいろな実践の本を出しておられます。次の土曜日（12月8日）にはぜひ、子ども達の作品を見に、そして寺内先生のお話を聞きに来てください。

1月／2002

新年おめでとうございます。
ヨーロッパでは、12ケ国統一ユーロ貨幣の流通開始をもって新年が始まりました。米国では9・11の同時多発テロからアフガニスタンへの戦争が続いたままの年明けになりました。日本では、米国が戦争中であることから、年始あいさつは取り止めで、小泉総理の伊勢神宮参拝で政界が動き出しました。

昨年暮れ、京都新聞の紙面で大江健三郎さんがこんなことを語っておられました。
『僕は日本の戦後民主主義が今、仮死状態になっていると考えています。死んだとは言わない。また目覚めて機能し始めればいいが、戦争が起きると強大な大統領の権限の下に民主主義と全く違う体制になる米国という国に、日本は民主的な反論を押し殺しつつ、ついて走ってしまった。』
（12月31日付京都新聞）

21世紀は夢と希望に満ちて、明るい年へと歩んでいくように思ったのですが…現実は大変厳しいようです。暮れからお正月にかけての日本人の生活は、戦争なんてどこ吹く風？　といった感じです。高い「おせち」や高価な「福袋」がどんどん売れたそうです。不況で大変だといっていたのは誰？　と思います。

保育所の待機児童問題を背景に営利を目的とする民間企業が保育事業へ参入できることになり

ました。医療や介護や保育が金儲けの対象になる…そんな社会になってきました。お金のある人は高い医療や教育を受けられる。お金のない人は教育を受ける自由や生命の維持のための医療すら受けることが出来なくなりそうです。「すべて国民は、健康で文化的な最低限度の生活を営む権利を有する」日本国憲法第25条も絵空事に終わりそうです。4月には知事選挙があります。民主的に物事を進める人を選んでいきたいものです。子ども達がより豊かな生活を、全ての人々が人間らしい生活を送れるように、みんなでがんばりましょう。

2月／2002

1月は新年会や餅つき、凧あげ…と言っているうちに日は過ぎて2月に入り、立春を境に日の光も春らしく暖かくなってきました。

2月は子ども達が取り組む行事として生活発表会があります。毎日の生活の中で「ごっこあそび」や「劇あそび」をする場面がありますが、ひとつ年齢を重ねたことで、子ども同士の関係や遊び方がいろいろな形に変化、発展していきます。生活発表会では、日頃の子ども達の取り組みを切り取って、子ども達が何かになりきって演じたり、舞台で大きな声で発表したりする姿を時間の許す限りご観覧下さい。

2月1日の京都新聞に、斎藤洋さんが「メモリアル・キルト」の展示会を開かれると掲載されていました。斎藤さんは何年か前に当園に来られた時に、子ども達と一緒に長い布を野外で染める「野染」を教えて下さった方です。そしてその時、染めあがった布を使っていろいろなものを作って頂きました。今回の製作展に向けて子ども達と何か取り組みができないかと、お願いしていたのですが、斎藤さんご自身の体調も悪くされていて今回は叶いませんでした。「暖かくなったらまた、おじゃましましょう」と、お言葉を頂きました。

「メモリアル・キルト」とは、斎藤洋さんがニューヨークで出会った「エイズ・メモリアル・キルト」から影響を受けて創った手芸です。もともとの「エイズ・メモリアル・キルト」は、アメリカでエイズにかかって亡くなった人々が、ひっそりと名前も明らかにできずに葬られるという差別の中で、せめて「自分の生きた証」をキルトの中に縫い込みたいと、縦約90センチ、横約180センチの綿布に、故人を偲ぶいろいろなものを自由に縫いつけるキルト運動です。斎藤洋さんも1990年に、メモリアル・キルト・ジャパンを設立し同じ運動を続けています。そして日本でも同じ頃、《薬害エイズ》の問題が表面化し、1996年3月に、やっと厚生労働省との間で和解が成立しました。

その斎藤さんが「メモリアル・キルト」の展示をもう一度しようと考えられたのは、あの《9・11の同時多発テロ》だそうです。米軍によるアフガニスタンへの攻撃が激しくなり、誤爆によって大勢の人の命が一瞬のうちに奪われ、名前もわからないまま犠牲者となっていった人々と、エイズで亡くなった人々とが重なり、もう一度「自分の生きた証」をキルトの中に縫い込みたいとの思いが込み上げてきたそうです。園にも案内状が届きましたので、みなさまにお知らせします。

3月／2002

例年に比べて桜の開花が早いようです。園庭のさくらんぼの花も例年よりずっと早く咲き始めています。木蓮もいつもは卒園式の頃が満開ですが、今年のその頃には、散ってしまうのではないかと心配しています。

生活発表会も終わり、どのお子さんも一段と大きくなってきたように思います。卒園を控えたぞうさん組との交流もたびたびあり、みんな大きくなることへのあこがれも出てきています。

ぞうさん組も一年生になる日が近づき、ウキウキした気分で毎日を過ごしている様子です。

昨年暮れに調理室に導入したコンベクションオーブンによって、給食メニューの幅が広がったり、調理時間も短くなったり、いろいろ便利になりました。豊かな給食メニューで、子ども達が楽しんで食事ができるように、引き続き努力していきたいと思います。

世の中は厳しくなる一方ですが、どんな状態になろうと、子どもはみんなの宝です。世界中の子ども達がしあわせな中で成長していけるよう、まわりの大人がしっかりと手をつないでいきたいと思います。

4月／2002

今年の春は暖かく、桜やチューリップなど春の花も早く咲き、初夏の気配さえ感じられる今日この頃です。やはり地球温暖化の影響でしょうか？

4月早々に新入園児も確定し新しい年度に入りました。入園はいつでもどこでも好きな時に…というキャッチフレーズが行き渡ったせいか、「産休明けから入りたい」と、出勤の半月位前に申し込んでこられる方が増えてきました。待機児童解消のためとはいえ、殆ど規定以上に子ども達を入れていますが、数には限度があり、みんながいつでも入れるわけにはいきません。

幸いにして入園された保護者のみなさまおめでとうございます。ほとんどが0歳児の方々です。これからの6年間、保護者・職員双方で力を合わせて子ども達がすこやかに育つよう努力していきたいと思います。またお父さん達の育児協力もよろしくお願いします。男性が育児休業をとるのは、一般の会社では至難のわざだと思いますが、少しずつまわりの協力も得て、子どもの送迎など、お父さんとお母さんとのチームワークで、どちらでも出来るよう頑張ってみて下さい。

「子育ては楽しく」というのが西七のモットーです。子どもにかかわりすぎて育児ノイローゼになったり、逆に放任されて子どもが飲求不満になって、荒れた子どもに育つことのないよう、時には子育てに夢中になり、時には自分のこと、まわりのこと、地域のことも考える余裕をもって生活して頂きたいと思います。4月、新しい気持でみんなで楽しく子育てを始めましょう。

5月／2002

少々の雨模様はあったものの、比較的よいお天気のゴールデンウィークでした。みなさま方はいかがでしたでしょうか？　子ども達は楽しい日々を過ごせたでしょうか？　前々日のメーデーはあいにくの雨模様でしたが、保護者のみなさまにはご協力頂きありがとうございました。

戦後、新憲法が制定されて55年目、戦争を真正面から見据える法案が国会に登場しました。「有事法制関連三法案」です。ソ連が崩壊し、東西の冷戦がなくなりホッとしたのもつかの間で、イラクによるクウェート侵攻と湾岸戦争が始まり、今まで海外派遣されたことのない自衛隊が国際貢献を求められ、「国際連合平和維持活動等に対する協力に関する法律」通称ＰＫＯ（国連平和維持活動）の制定のもとに、後方支援として一部の人達が海外派遣されました。

また、昨年の9月11日のニューヨークの世界貿易センタービルがテロにより破壊されたのをきっかけに、「テロ対策特別措置法」が制定され、アメリカの戦争の後押しをすることになりました。そして、今度は憲法を超えた「有事法制関連三法案」が国会に提出され、連休明けには活発な議論がなされることになります。（有事法制関連三法案とは、武力攻撃事態法案、自衛隊法改正案、安全保障会議設置改正案です。）

有事法制の中には憲法21条の集会、結社、表現の自由が制約される可能性があります。小泉内閣のうしろは戦争への道がつながっているように思えます。どんなことがあっても、子ども達を戦場に送らない、そんな政治を望みます。21世紀は話し合いで物事を解決して欲しいと思います。

フランスでは、大統領選挙で極右の候補者を破ってシラク大統領が再選を果たしました。戦争には敏感なフランス人の選択です。右翼はごめんといったところでしょうか。

憲法記念日を交えたこのゴールデンウィークですが、本当の意味でのゴールデン（Golden）になるには、「憲法第九条は絶対に変えない」という保障を政府にさせることだと、つくづく思った次第です。

6月／2002

幼児親子遠足も無事終り、梅雨の時期がやってきました。今のところはお天気のよい日が続き、まだまだ梅雨入りの気配はないようです。それでも雨の日が続くとカビが発生しやすく、ばい菌の繁殖も著しくなります。食べ物は出来るだけ火を通して食べるようにしましょう。

この6月は、沖縄が本土に復帰して30周年を迎えます。私が学生の頃、沖縄から京都に留学に来ていた人がいましたが、「パスポートをもっているよ～」と見せてくれたり、出国には税関の検査があって、マルクス主義の本を持っていたりすると取り上げられたりすると言っていました。当時の沖縄では、貨幣はドルが使われていました。昭和30年代でしたから、一般の人が海外に出かけていくのは夢のような時代で、沖縄も遠い異国のように思っていました。しかしその沖縄は日本の一部であり、日本のために何度も外国からの侵入を受けた被害の絶えない島でした。

特にこの太平洋戦争末期の沖縄戦（１９４５年3月26日から６月23日）では、島の人々が米軍に捕らわれないために、お互いに家族で殺し合い、集団自決を強いられたり、赤ん坊が泣くと敵にさとられるからと、日本の軍隊に殺されたりしたそうです。沖縄戦で住民83人が『集団自決』に追い込まれた沖縄県読谷村《よみたんそん》の洞窟がまだ残っているはずです。

現在でも島の中には米軍の基地がたくさんあり、そこは治外法権で米国に属していて、日本の法制が及ばないということです。また米軍による女子への暴行も度々あり、治外法権のまま処理されたりすることもあります。

この沖縄復帰30周年に、またもや有事立法が動き出しました。自民党の中でも古い人々は慎重に審議するようにと意見を出している人もおられます。日本が再び戦場にならないように、平和憲法を守っていきたいと思います。

過日行われました園庭整備には、多数の方が参加して下さりありがとうございました。おかげさまで園のまわりもきれいになり、子ども達も気持ちよく過ごすことが出来ます。梅雨に入るので菌が繁殖しないよう、今後も園内をきれいにしていきたいと思います。

7月+8月／2002

6月初旬は異例の暑さが続き、梅雨を飛び越えて一気に夏到来かと案じていましたが、20日頃から雨が降り出し、梅雨らしくなってきました。お天気続きだと「梅雨」はどうなのかと心配し、雨が降れば「梅雨」はうっとうしいとぼやいたり、人間は全く自分中心にものごとを考えているなと思う次第です。

東洋で始めて、2002・FIFAワールドカップが開かれ、6月は日本中がざわわしていましたが無事終了。やっといつもの日常に戻りました。あまりサッカーに興味のない人でも、世界中が湧きたっている様子を、テレビや新聞を通して感じることが出来ました。けれど世界中が平和のもとに、みんなが競い合っているのならよいのですが…。中近東ではまだまだ銃撃戦が繰り返されており、安心してサッカーを見ている状態ではない国もあるのです。

「オリンピックは参加することに意義があり」と、昔、学校で習ったように思いますが、スポーツ競技には、勝ち負けがつきものです。けれども世界中の様々なスポーツの大会を見て思うことは、まるで戦争に勝利したような喝采を送る姿には馴染めません。

様々な国の人が参加し、その国のことをよく知り、お互い人間として尊重し合い、手をつなぐことが大切なのではないでしょうか。「勝った」「負けた」は時の運、よくがんばった人々へ「ねぎらいの拍手」を送りたいと思います。

それにつけてもこの度のワールドカップは、お隣りの韓国との共同主催でした。それに関して、両国間の国民感情が依然として悪い状況にあるので、始めはどうなるかと思いましたが、最後までスムーズに運び、見ている私達もホッとしました。これを期に今までのわだかまりを捨て、日本も昔の歴史に逆戻りさせることなく、お互いを尊重し合って、手をとり合っていけるようになって欲しいものです。

7月8月の暑い夏、油断すると冷たい物を食べすぎたり飲みすぎたりします。身体にはくれぐれも気をつけて無理をしないよう、楽しい夏の思い出がつくれるように、一日一日を大切に過ごしてください。

9月／2002

朝、晩は涼しくなり、ようやく秋の気配を感じるようになりました。この夏は、雨が降らずに困った地方や、大雨で川が氾濫し大きな被害にあった地方があって、小さな日本列島の中でもさまざまな姿が見られました。外国でも通常は雨の少ない地方に大雨が降り、水に浸かった家屋の様子をテレビで見ました。また気候的要因が原因で世界的に砂漠化が進んでいるともいわれています。これらの世界中で起こっている災害や異変は、地球温暖化が進んでいると、もはや疑う余地はありません。

ともあれ西七の子ども達は、みんな元気に暑い夏を乗り切ることが出来ました。世界情勢が厳しい中でも、子ども達には平和で楽しい日々を過ごさせてあげたいと、願うのが親であり、子ども達の願いでもあると思います。今年のスローガンに掲げた「今かみしめよう。命の輝きと平和の大切さを」のように、平和であることの輪がどんどん広がっていって欲しいと思います。子育ては大人みんなの使命だと思います。

プール参観で、子ども達の泳ぐ姿をご覧いただけたと思います。一年一年、子どもは育っていきます。しんどいけれど、ちょっと努力することで可能になっていくことがたくさんあります。運動会に向けて、子ども達の努力が始まります。「やれば出来る」そんな思いを持ちながら、励ましてあげて欲しいと思います。決して怒ったりして、なげやりにならないよう、時間をかけて努力してみましょう。大人も子どもも「忍耐」が必要です。生きていくためには大切なことだと思います。しんどくても、ちょっと努力することに手を貸してあげて下さい。少しでも出来ればほめてあげる。もうちょっとやってみようと、励ましてあげる。そんなことばかけが子どもの励みになるはずです。楽しみながらいろいろなことに挑戦する運動会にしていきたいと思います。

あせらずゆっくり一日一日の積み重ねが大切だと思っています。運動にも読書にも、親しみやすい秋です。夏の疲れを癒し、身体を整えていきましょう。

10月／2002

ひと雨ごとに暑さもやわらぎ、朝、夕に感じる心地よい風に、秋の気配を感じてきました。子ども達は運動会に向けて、園庭での遊びが活発になってきています。気候もよく、身体をいっぱい動かして、いろいろなことに取り組んで欲しいと思います。ムリなことをさせるのではなく、年齢に合った、しかもどの子にも出来ることや、自発的にしたいことに挑戦してくれればと思っています。

今年から学校が土曜日も休みになりました。運動会は土曜日なので、お兄ちゃんお姉ちゃん達も見に来て頂けるのではないかと思いますが、狭い園庭なので、お互いにゆずり合って頂きたいと思います。園児が《力いっぱい運動できる場》だけは確保していきたいと思っています。

ところで、地域に親しまれてきた名倉公園が、最近、利用しづらい状況のようです。「どこかの会社の庭になったんとちがうか…」という噂も聞きます。名倉公園は、西七から一番近い公園です。子ども達もよく遊びにいきます。もっと利用しやすくなるように、保護者会と分会（組合）と一緒に、京都市に要望書を提出することにしました。

秋は署名運動や共同募金など、サイフからお金が出ていくことが多くなります。保険料その他の値上がりも大変で、景気の回復もままなりませんが、一人ひとりの署名が市や国を動かすことになればと取り組んでいます。ご協力よろしくお願いいたします。

11月／2002

10月末の頃から急に冷え込むようになりました。どこのお家でもあわてて暖房器具を取り出しておられるのではないでしょうか…。

過日の運動会では、たくさんの方々にお越し頂き、途中の小雨もありましたが、最後までご声援頂きありがとうございました。アンケートには多くの方々から「やり切ってよかった」と言って頂きました。小雨は午前中に降り出して、一時はどうなるかと心配しましたが、急遽プログラムを変更して、みなさんにぜひ見て頂きたいものから進めました。空を見ながらの変更なので、連絡が徹底できなかったことやプログラム変更の連絡で、みなさまには、戸惑われた方もあったかもしれません。けれど苦情もなく最後まで協力して頂き、本当にありがとうございました。

子ども達も日頃やってきた練習を、思う存分発揮してくれてよかったと思っております。0歳児の《階段を登って降りる》また《すべって降りる》といった動作が、5歳児になれば《跳び箱を跳ぶ》や《戸板を登って、跳んで降りる》ことまで出来るようになります。どの年齢も無理のない日頃の練習の成果が出ていたのではないかと思いました。

体育関連の取り組みには、体力が必要です。何も練習しないで、いきなり跳び箱や鉄棒ができるわけではありません。日頃の練習がものをいいます。けれども子どもに無理にやらせたりしているわけではありません。「やりたい」という子ども達の気持ちがあってこそ、実現することです。

友達のやっているのを見て、自分もやってみる。またその動作のコツを友達同士で教え合い、その結果クラスのみんなが出来るように、みんなで協力しながら取り組んできました。

この頃は、コツコツ努力したり、地道に考えたりすることが軽んじられるようです。パソコンやＩＴなど便利な道具が出てきて、努力しなくても何でも簡単にできると思われがちですが、何事も基礎になるものをしっかり身につけておかないと、いざという時に役立てられません。また世の中の動きについていけません。雨が降ったり、風が吹いたり、人間生きていく限りいろいろな苦労に出合います。小さい時には小さいなりに、一つひとつをしっかり乗り越える積み重ねがとても大切だと思います。自分のことは自分でする。自分で生きる力を身につける。そんな大人に育ってほしいと思っています。

11月は自然が本当に美しいときです。出来るだけ野山に出かけ、足腰を強くすると同時に、自然の美しさにも目を向ける生活をしてほしいと思います。自然の中で得たものを利用したりして、12月の製作展に取り組みます。

寒さに負けないよう元気で毎日を過ごしましょう。

12月／2002

いよいよ街角のツリーに灯がともされ、12月となりました。

過日の「秋まつり・バザー」にはたくさんの方々がお集まり下さり、成功裏に終えられたことを感謝申し上げます。お天気もよく暖かかったことは何よりもありがたいことでした。在園の保護者をはじめ、OBの子ども達や保護者、また地域からもたくさんの方々が集まって下さいました。とくに最近は卒園した子ども達が結婚し、赤ちゃんを抱いて西七の門をくぐって来ることが多くなりました。バザーの供出品を持って来てくれたり、来年の入園の状況を聞きに来てくれたりと、今までとは少し違った様子がうかがわれるようになりました。本当に嬉しいことです。

12月は何かと忙しい月ですが、事故に合わないように気をつけたいものです。運動会を終えて一つ西七でも製作展の準備やサンタさんの出現などの準備などで忙しいです。運動会を終えて一つひとつ、いろいろな場面で経験し、成長してきた子ども達が、製作展に向けて手を使って、絵を描いたり物を作ったりする中で、心の中を表現しています。ことばを文字で表現することはむずかしいけれど、絵なら表現できます。色もそれなりに使いこなしています。子ども達の心の表現を、製作展を通して感じて頂ければと思っています。お時間の許す限りたくさんの方々のお越しをお待ちしています。

1月／2003

新年おめでとうございます。

日本列島に初日の光が差し込みましたが、北朝鮮の拉致問題や、イラクに対するアメリカの立場はさらに強硬化したままです。どうか今年も一年、平和であってほしいと思いを強くしました。保育界の厳しい状況も変わりませんが、すこやかな子ども達の成長を願って、職員一同、今年も頑張っていきたいと思います。よろしくお願い致します。

お正月、孫たちに連れられて大阪ドームで開催された「次世代ワールドホビーフェア」に行ってきました。会場には様々な乗り物の玩具が展示され、特に目を引いたのは、のぞみ、かがやき等いろいろな新幹線が、日本列島を模した巨大プラレールの上を走っていました。また子どもに人気のレゴもたくさんありました。ミニモニのぬいぐるみ人形が、ステージでショーをやっていました。子どもにとっては夢いっぱいの世界です。乗り物を中心にした珍しい玩具の販売もあって、大人もたくさん買い物をしていました。

考えてみればプラレールは、我が家の息子達がよく遊んだ玩具でした。従兄からもらったものを足して、部屋いっぱいにレールを並べて走らせていました。プラレールやレゴなど子ども達に愛される、息の長い玩具があることはいいことだなあと思いました。

お正月になれば思い出したように、羽子板やコマ廻しや凧あげ等、昔からの遊びをしますが、日常生活ではあまり登場しない遊びです。玩具もその時代の中から生み出されて来るものです。子どもの探究心を呼び起こすもの、何世代にも渡って大切にされるもの、そして平和につながる

ものを考えながら、玩具を選んであげられたらと思います
昨年暮れに、中学生が阪急電車のプラモデルを作って、西七の子ども達にプレゼントしてくれました。本物の阪急電車が目の前を走っているようで、あひるぐみの子ども達の目はくぎ付けでした。いくつになっても遊び心は失いたくないものです。

2月／2003

月の終り頃から寒さが一段と厳しくなりました。地球温暖化が進行する中で、気候のバランスが崩れ、、世界のあちこちで異常寒波があったり、地震があったりで、どうも地球が悲鳴を上げているような感じがします。インフルエンザも猛威を振るっていて、近隣校からも学級閉鎖の情報が聞こえています。

当園の子ども達はみんな元気で登園してくれていますが、身体を酷使しないよう、睡眠と栄養をよくとり、うがいをして、菌を身体の中に入れないようにしましょう。

「生きる」ということは、まずこの自然の中で暑さ寒さに負けない体力づくりが必要です。寒いから家の中に閉じこもっていては、寒さを克服する力は養われません。冬の朝の着替えは寒くて辛いです。でもちょっと我慢して、パジャマを脱いで裸になってから、洋服に着替えましょう。《寒いと暖かい＝緊張と緩和》。毎日のこの繰り返しは、身体の鍛錬になります。

２月は生活発表会があります。子ども達は今、劇あそびに夢中です。ぞう組さんは寒い中でも竹馬の練習をしたり、劇を見に出かけたりしています。立春を過ぎればもう春間近です。一日一日気をつけながら元気に登園してください。

3月／2003

ひなまつりも過ぎたというのに、今日は一日中ぼたん雪が降って、寒さで指や頬がとても痛い一日でした。

ぞう組さんもあと一ヶ月足らずの園生活となりました。6年間、たくさんの友達と生活する中で、お互いに助け合う心、いたわり合う心、はげまし合う心を育んでこられたと思います。今、世界中が戦争に巻き込まれそうな世の中にあって、お互いに助け合い、歩み寄って生きていくことを子どもの頃から身につけていくことは、なによりも大事だとつくづく思うところです。

先日、孫の入園準備の買い物があって家族揃ってデパートへ出かけました。母親が買い物をしている間、孫は玩具売場をウロウロしていました。最近の玩具売場は、子どもが触って遊べるように見本品をたくさん展示しています。その中に玩具のコンピューターゲームがありました。新製品の人気ゲームだったせいか、何人もの子ども達が順番待ちをしていました。最初の子どもは、少し遊んで次の子に交代しました。次の子どもは、いつまでも独り占めして遊んでいます。後に続く他の子ども達のイライラ感が伝わってきます。順番を譲らない子どもの後ろではワイワイ不満の声が上がりはじめてきましたが、ゲームに夢中のその子どもは、いっこうに順番を譲るそぶりもありません。

ゲームを独り占めしている子の母親はどこにいるのか、見渡してみましたが姿が見えません。少しして、その子どもの母親らしき人が戻ってきて、一番最初にしたことは、ゲームを独り占めしている子どもに紙パックのジュースを渡したことでした。

その光景をずっと見ていた私は、瞬間的に「後ろに順番を待っている子どもがいるのですよ！」と言ってしまいました。その母親は、私の言葉は聞こえなかったかのように、紙コップを渡し終えると、知らんふりしてその場を去って行く始末。紙コップを渡されたその子どもは、引き続きゲームをしようとするので、今度は子どもの方に諭すように「ちょっとしたら代ってあげてね」と私が言うと、その子は無表情のままでした。

お互い知らぬ仲でも、「ちょっとまっててね…」とか、声をかけ合えば気持が通じるものを、無言で無表情！　テレビやゲームの中だけで遊んでいると、自分の思いを表現しなくなるのでしょうか？　いったい全体、この頃の世の中は、どこで道を誤ったんだろうか？　人と人との関係も、ちょっとの気づかい、心づかいで、気持ちよく通じ合えたはずなのに…。

追記　ピノキオ保育園を育てる

二十世紀後半から日本の保育は時代の要請を受け変化していった。エンゼルプラン、子ども子育て支援法、地域ぐるみの子育てといった施策が次々と出されたが、それは、働く母親の増加という時代の流れに対応したものである。これからの社会の流れを予見し、時代の要請を取り入れた保育園として、一九八三年（昭和58年）京都市伏見区伏見納所団地の一角にピノキオ保育園が設立された。藤田さんはその設立に助力され、２００３年に、西七条保育所を退任された後は、ピノキオ保育園の理事長として園経営に力を注ぎ、新しい保育や保育園づくりに関わってきた。

ピノキオ保育園は緑の多い立地環境を生かし、四季折々の自然や行事に親しむ中で、様々な活動や遊びを展開していき、友だちと一緒に思いっきり遊びこむことを大切にして、子どもの「できた」「やった」という思いを体験させていくことを大切にする保育と、食は生きる力の源であるという考えのもと、給食室を園舎の真ん中に据えて、食育に大きな力を注いできた。園全体を木のぬくもりで包み、机やいすも子どもの動きや成長に合わせた独自なデザインで設計し活用していた。２００６年に「子どもの文化」に寄稿された「ピノキオ・あそぼう会」を紹介する。

地域の保育とお母さんたちの願いに応える

ピノキオ保育園は、定員90名でスタートした中規模保育園です。京都市の南西部の伏見区に位置し、すぐ近くには京都競馬場がありますが、緑が比較的多い公団住宅の中にあります。開園当初から産休明け保育、長時間特例保育、完全給食を実施し、２００3年度からは延長保育も開始しました。

ピノキオ保育園のめざす子ども像

① 丈夫な身体をもち、いっぱい遊びこめる子ども
② 自分のことは自分でできる子ども
③ 友だちを大切にして、友だちと力を合わせ行動できる子ども
④ よく見て、聞いて、考えて、自分の思いをはっきりと伝えられる子ども
⑤ 豊かな創造力と表現力をもち、意欲的にものごとに取り組める子ども

特に「丈夫な身体づくり」を大切にし、散歩や集団遊び、リズム運動などとともに、給食についても力を入れて取り組んでいます。

地域の保育ニーズを探る

開設以来、順調に保育を進めていく中で地域にも根づいてきていたのですが、折からの少子化

の影響もあり、開園5年目の頃に4月当初の入園児数が定員を割るという事態が起こりました。そこで、本当に保育に欠ける子どもはこの地域にいないのか、一戸ずつ戸別訪問をし、アンケート調査をしたり、学習会を重ねていく中で、地域の保育ニーズを探っていきました。

「プール開放」から「あそぼう会」へ

そんな中で、まず保育園のことをもっとよく知ってもらい、気軽に来てもらおうと、1990年8月から、保育園の屋上にある、大プールを開放することにし、地域の親子が園児と一緒にプールで楽しんでもらうことから始めていきました。

3年目からは「あそぼう会」という名称にして、会員登録制にし、年4～5回のペースで、プール開放はもちろん、泥んこあそびやリトミック、お散歩会、小麦粉粘土で飾りを作り、講演会へのお誘いなどさまざまな企画を考えて取り組んできました。その他、園の行事である製作展に招待し、給食の試食会で保育園の味を知ってもらう機会をもったりしています。

そんなことがきっかけになり、「あそぼう会」に参加している地域のお母さんたちが保育園の良さを知り、わが子も保育園に入れたいという入園希望につながっていきました。実際に「あそぼう会」からの入園児が増えてきたのです。

地域新聞「わーいわい」の発行

地域新聞「わーいわい」を発行することにしました。保育園のことをよく知ってもらう、そして子育てに関する情報を提供するということを柱に、住宅公団だけでなく、近隣地域に約1200部配布することを始めました。

内容もいろいろ工夫し、新聞担当者を決めて、年間3～4号発行し、現在76号（06年）発行に至っています。保育園の行事や出来事を掲載したり、子育てに関するひとことアドバイス、情報、絵本の紹介、時には、保護者や卒園児に投稿してもらい、紙面も読みやすく工夫していきました。「あそぼう会」開催のお知らせも、紙面の中に必ず載せています。職員総出で戸別配布し、保護者にも手伝ってもらいながら、もう十五年間続いています。

地域のお母さんたちと共に

20組前後の親子が参加することもあれば、3～5組ぐらいの少人数の時もありました。しかし、ここ3～4年ぐらい前から、参加層に変化が見られるようになってきました。

近隣の保育園や児童館も、次々子育て支援事業に取り組み始めて、それぞれの園や施設で行われる「園庭開放」や「親子であそぼう」などの企画に、地域の親子が多数参加するようになってきています。
「ピノキオ・あそぼう会」もその一環で、保育園のことを知りたいから参加するというよりも、「お母さんたちの友だちづくり」「子育てを通じての仲間づくり」を求めてやってくるのではないかという感があります。参加するお母さん同士が仲良くなり、社交の場であったり、お互いに子どもの話や世間話をしたり、情報を得る機会になっているのです。

ある日の「あそぼう会」での様子

＊仲良しになったお母さん同士が、事前に相談されていたのか「あそぼう会」が終わった後、お弁当を持って「みんなでもう少し遊んでいきます。」と、出かけることもありました。
＊「ひさしぶりね。」と、お母さん同士が盛り上がり、ここで会えるからと出産のお祝い返しを配っておられたり…。

このように地域のお母さんたちに、ピノキオ保育園の「あそぼう会」を通じて子育ての悩みや相談に応じていくことはもちろん、お母さん自身のリフレッシュにもつながるような、地域の子育てセンターとしての保育園でありたいし、またより楽しい「あそぼう会」をこれからも続けていきたいと思っています。

（おわり）

●思い出の写真　西七条保育所設立　園長として赴任

ぞう組（５歳児クラス）の子どもたちと記念写真

職員９名から、園はスタートした。（前列右から２人目）

はじめての卒園式で、一人ひとり優しく語りかけていた

●はんなり ほっこり ほいくえん の園長先生

8月には『糸井ちゃんせんそうのお話してあげる』の読み聞かせ。子どもたちには戦争の体験をさせまいと誓っていた

園長会等の対外的活動も多かったが、園では子どもの輪に寄り添っていた

2003年8月退任され、後進に道を譲った。「労をねぎらう会」にはご家族も招かれ、みんなの前で読み聞かせを行った

[著者紹介]

藤田ヒサエ（ふじた　ひさえ）

1934年（昭９）12月３日京都市北区西陣に８人兄妹の６番目の次女として誕生する。
1941年（昭16）国民学校に入学（小学校時代は戦争一色であった）
1946年（昭21）新制中学校１年生（中学、高校時代は西陣で精力的に働き、新しい時代に教師になって、自由に生きたいとの思いを強め、大学をめざす）
1953年（昭28）立命館大学第二部史学科へ入学
1961年（昭36）藤田忠宏と結婚
1962年（昭37）長女まゆみ誕生
1965年（昭40）白い鳩保育園勤務（保育士となる）
1967年（昭42）京都市保母会会長となる。
1969年（昭44）１月長男宏和誕生
1970年（昭45）６月公設民営保育所として設立された、西七条保育所へ所長として赴任
1972年（昭47）京都子どもの文化研究所を仲間と設立し、所長となる。（人を育てるには文化の力が必要であると考えていた）
1983年（昭58）京都市伏見区納所団地内に、ピノキオ保育園設立に助力する。（区の要請とこれからの保育園への未来を考えて）
2003年（平15）８月　西七条保育所退任。その後ピノキオ保育園の理事長として、活動する
2020年（令２）３月　死去

•装丁　表紙デザイン・装画・梠澤清次郎（アド・ハウス）

あしたへ伝えたいこと [2] 子どもと保育そしてわたし

2020年６月15日　初版発行

著　者　藤田ヒサエ

編　集　一般財団法人文民教育協会　子どもの文化研究所

発　行
発　売　〒171-0031　東京都豊島区目白3-2-9
Tel:03-3951-0151　Fax:03-3951-0152
メールアドレス：info@kodomonobunnka.or.jp

発行人　片岡　輝

印　刷　株式会社　光陽メディア

ISBN978-4-906074-01-3